U0523268

点亮小红书

获客增长
实战指南

胡石玉（@大柯 Kosan）/ 著

电子工业出版社
Publishing House of Electronics Industry
北京·BEIJING

内 容 简 介

在互联网迅速发展的时代背景下，社交媒体平台日益成为企业和个人进行宣传推广的重要渠道。而在众多社交媒体平台中，小红书凭借高质量用户群体和强大的变现能力，成了广受关注的焦点。

本书是一本以小红书运营为主题的实战指南，从理论到实战，分为先导篇、入门篇、进阶篇、高阶篇和案例篇五部分。先导篇简单介绍小红书的运营方式和基本运营方法论。入门篇围绕账号定位、账号搭建、账号视觉、账号功能、账号内容和账号"避坑"介绍如何搭建爆款账号。进阶篇提供 6 套实战技巧，涵盖关键词选择、爆文生产、矩阵运营、流量引导、广告投放和变现等策略。高阶篇深入探讨用户心理、数据分析、团队管理和运营模型。案例篇通过实际案例展示各品类在小红书上高效变现的运营策略。

本书适合以小红书为主要平台的自媒体人阅读、学习，帮助读者打造优质账号，实现高效变现。

未经许可，不得以任何方式复制或抄袭本书之部分或全部内容。
版权所有，侵权必究。

图书在版编目（CIP）数据

点亮小红书：获客增长实战指南 / 胡石玉著. —北京：电子工业出版社，2023.9
ISBN 978-7-121-46277-1

Ⅰ．①点… Ⅱ．①胡… Ⅲ．①网络营销 Ⅳ.①F713.365.2

中国国家版本馆 CIP 数据核字（2023）第 168307 号

责任编辑：孙奇俏
印　　刷：三河市良远印务有限公司
装　　订：三河市良远印务有限公司
出版发行：电子工业出版社
　　　　　北京市海淀区万寿路 173 信箱　邮编：100036
开　　本：880×1230　1/32　印张：8　字数：210 千字
版　　次：2023 年 9 月第 1 版
印　　次：2023 年 12 月第 2 次印刷
定　　价：79.00 元

凡所购买电子工业出版社图书有缺损问题，请向购买书店调换。若书店售缺，请与本社发行部联系，联系及邮购电话：（010）88254888，88258888。

质量投诉请发邮件至 zlts@phei.com.cn，盗版侵权举报请发邮件至 dbqq@phei.com.cn。

本书咨询联系方式：faq@phei.com.cn。

大咖书评

和大柯认识多年，见证了他从文青成长为落地的生意人、企业家，了不起。前几年他刚回长沙时就和我说要深耕行业。现在，他带来了这本深耕行业的书，这本书里凝练了他这几年在小红书平台的实操运营结晶，很值得一读！

《职场动物进化手册》等畅销书作者，雾满拦江

若一个行业蓬勃发展，却没有一个可行的方法论来指导市场，这是很可惜的。有幸的是，Kosan 站出来了。出书对一个人来说可能是名气的附加，但通读全书给我最大的感受，不是作者在介绍他这个人怎么样，而是告诉读者入局小红书你该怎样做，这才是实战书的核心意义！

亿级操盘手、《抖音直播带货实操指南》作者，尹晨

Kosan 是一个对流量非常敏感且落地性很强的新媒体作者。对于小红书这个新兴的媒体平台，Kosan 有非常好的实操经验及深刻洞察。这本书结合了火热的 ChatGPT 玩法，对如何涨粉、变现都有非常详细的解读，是一本非常优质的小红书宝典。

畅销书《高阶运营》作者，龙共火火

我报过大柯老师的课程，也与他面谈过几次。在我看来，他相比其他博主最出众的地方，在于对业务的理解更深入。大柯讲小红书运营，不是讲自媒体，而是讲商业闭环。互联网大厂出身，后来创业且拿到过千万级融资，见识过大流量，所以他做小红书更能以变现为起点，理解更加透彻。这本书既有从零到一的落地步骤，又有对各类案例的翔实拆解，非常适合想要在小红书平台做项目和搞副业的人阅读。

小红书职场博主，杨路（@文科生没出路）

我的业务在香港开展，在没有遇见 Kosan 之前，我很难相信我能利用小红书平台突破地域界限，连接超过 2000 名内地客户及其他国家的精准华人客户。Kosan 的这套打法实操性很强，而且已被多次验证，非常值得各位读者借鉴、学习。

香港大学商学院讲师、实业老板、小红书博主，@方面陈

Kosan 是我认识的老板里面非常接地气的一位，不仅长期进行一线实操，而且很愿意分享个人思考，无论是完整输出的文章，还是朋友圈的只言片语，这些内容都经常使我猛拍大腿，受益匪

大咖书评

浅。相信 Kosan 带来的小红书一线操盘经验与思考总结，能帮助你更清晰地理解小红书的起盘经营逻辑，并在实践中达成目标。

蕃茄蛋 MCN 联合创始人，罗锴

什么是职场精英？一直在钻研的人可谓职场精英。胡石玉，就是这样的人。我认识胡石玉 5 年，他一直在创业路上钻研，很拼，拼的不仅是体力，也是思考能力。他疯狂地吸收，疯狂地输出……作为一名天使投资人，我深刻地知道，从一名职场人转型为一名创业者有多么不容易。很多人半途而废，很多人倒在这条路上，很多人创业多年，能力却没有得到提升。胡石玉将焦点放在小红书平台上，钻研了 3 年，一步步找到方法、练出技能，一步步培养商业感觉，一步步取得成效。这本书，是非常好的总结。

创泰天使创始合伙人，肖波

Kosan 是我在小红书运营这条路上早期的引路人。Kosan 的打法全部来自实操，和其他理论派不同，他实实在在地在多个平台上取得了运营成果。他的方法更注重底层逻辑，语言精炼，落地性强，同时流量玩法全面。2022 年，我用这套玩法，通过小红书平台免费流量实现了 GMV 突破千万元。如果你是企业主或操盘手，这本书将非常值得你学习。

小红书运营专家，齐昊（@好多鱼）

V

序

进入小红书培训赛道的缘起

2021年8月10日,我从参与创立的在线教育企业离职。在那之前,我自诩为"天之骄子"——我参与创立的企业在资本市场获得过1.1亿元融资,我带过百人团队,我管过自然流、投流、销售、社群团队。即便企业最终被收购,但鉴于所谓的"巨额"融资光环,相信不管是谁都会高看我一眼。我自己也是。

原来创业,资本是充裕的,招聘有足够的预算。但当我创立新的企业时,资本市场已经不看好教育培训了,我也不想再去辛苦融资,只好匆匆改换其他行业。

但我很快就碰壁了,主要是方向没选对。2021年,私域代运营刚好很火,我尝试去承接大企业的相关业务,花了两个月时间证明自己不擅长干这件事。我也组织过团队做中医培训,但很快

序

发现，自己根本不懂的东西，很难把它做好。我也想过做 TikTok 账号运营，但当时我甚至连 TikTok 都很少刷。

时间来到 11 月，我的业务没有任何进展。眼瞅着初期资金投入即将见底，团队即将散伙。没办法，我只能再回到在线教育赛道，想着做一点快速让现金流回笼的事情。思来想去，大部分在线教育品类已经被开辟得很完全。倒是因为我在"流量"江湖小有名气，很多老板会向我咨询"怎么做流量"，其中也包括很多付费咨询的人。于是，我决定做"流量培训"，服务的对象是企业主和企业业务负责人。比较幸运的是，第一期培训，我就收回 10 万元。

一开始，我的培训内容是针对所有平台的，因为我上一次创业的时候带领的流量团队有 60 多人，做的是公务员考试类目，覆盖的人群足够广，几乎所有的平台都有涉及且均取得了一定的成绩。这些平台包括抖音、小红书这种大众平台，也包括虎扑等小众平台。做了半年之后，我和客户们都发现，小红书几乎是所有平台里面最容易出成果且客户质量最高的一个，因此，我开始完全聚焦小红书平台，逐步开展团队业务。

首先，我们团队铺设了很多关于私域引流的账号，聚焦企业主和企业业务负责人这群精准客户，可以说几乎把握了这个品类 70% 的流量。然后，我们又将业务扩展到各行各业该如何获客，这样一来，我们的各行业客户，不管是做减脂、教育培训、家装的，还是做服饰、副业指导、个人 IP 的，都在小红书中收获了较好的结果。慢慢地，我们在小红书中的培训业务越理越顺。

我在很多场合看到创业者复盘自己的成功经验时，会说自己

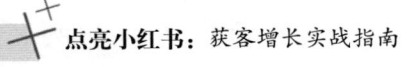

当初如何明智地选择了某个赛道。但就我的亲身经历而言，小公司其实没有什么战略可言，如果真要说战略，小公司的战略可能就是"寻找活路"。中国小微企业的平均寿命只有2.5年，尽可能拖延公司的死亡时间，左奔右突，跌跌撞撞，试出来一条活路，想尽一切办法让公司活下去，这就是战略。

既然我很幸运地找到了这条活路，自然也会无比珍惜地沿着这条路走下去……

怎么做小红书培训

国内的教育培训领域一共有两套逻辑——培优和补差。我们目前的客户主体是企业主和企业业务负责人，培训的本质是所谓的培优。

我经常会和团队成员说，我们的客户在小红书中的起号成功率高，并不是因为我们有多厉害，而是因为客户本身厉害，他们项目选得好、执行做得好，我们提供的方法论和操作实践可以让客户少犯错，但功劳有限。

培优是非常容易做出口碑的，学而思创立早期就坚定地把这个理念执行到底，很容易翘动品牌。补差则恰好相反，要让原本素质较差的生源变好是不容易的，需要付出极大的心血，新东方很多时候就是在干这件事。

学而思在培优领域采取总部统一教研的方式。教研最重要的标准有两个：高质量的教材教辅与高质量的课程交付。学而思集结最优秀的老师编制教材，打下了深厚的教研底子。对于课程交

序

付，则筛选最优秀的人群策群力。

我是互联网行业出身的，我不习惯坐办公室，更习惯和我的员工、小伙伴坐在一起，但为了写这本书，我把自己关在办公室里，写了3个月。因为教材就是培训企业的基础。当我研究了国内的教培历史并最终得出这个结论的时候，我就决定要写一本书。而且，要想做好这件事情，赢过对手，我必须要静下心来亲自完成，不能找代笔，不能安排几个同事随意来攒。

同样地，课程交付的过程我也必须要参与。我们公司成立快2年了，算是小红书培训品类里面排名比较靠前的企业，到目前为止，很多课程都是我自己参与和设计的。只有在一线，我才会有手感，打磨出来的内容才会"真"。交付的另外一个重要维度是筛选足够优秀的人。关于这一点，我们的逻辑不一样。我们筛选的是有小红书运营实战经验且乐于助人的人。我很庆幸我们的教研课程交付团队目前有12位这样优秀的年轻人。我们一起研究各行各业在小红书中的运营打法，根据平台规则的变化去升级我们的课程。

目前，随着小红书的红利释放，越来越多的人进入这个行业，成为我们的同行。很多人会借鉴，甚至照搬我们团队的课程形式。对此，我并不介意，我认为这是一件好事。我们是行业内排名比较靠前的玩家，一定是会被借鉴和模仿的。与其模仿不用心做教研、做交付的团队，不如模仿我们，至少我们可以提供成体系的教研资料和交付节奏，我们可以做一个好榜样。相比之下，我更怕那些"挣快钱"的玩家，客户可能会觉得这个行业中有人"割韭菜"，这是对行业生态的破坏。行业好，我们才能更好。

本书之于读者的意义

必须要强调的是，随着小红书平台的发展，本书的实操细节未来可能会过时。但以下 3 点，应该会帮助到正在阅读本书的你。

1. 我做小红书（新媒体）运营的方法论

实操细节会过时，但是方法论不会。我做小红书运营的方法论总结起来就是：1 个核心，3 个方法。具体内容大家可以在书中找到。我从 10 年前的公众号时期开始入局新媒体行业，历经了公众号、抖音、小红书 3 个时期，我总结的这一套方法论一直用于我个人和团队生产内容。

2. 各行各业的运营打法

平台规则变化较快，但行业打法变化较慢。越传统的行业越是如此。我们团队在 2022 年跑通了 27 个行业的小红书获客逻辑，在 2023 年又跑通了 10 多个行业。这些积累和实操经验是很有价值的。

我们肯定没有客户那么懂行业，但是这个行业在小红书上的运营打法，客户肯定没有我们懂。这二者是有区别的：行业知识是来自从业积累的，而各行各业在小红书上的运营打法一定是从用户视角得来的平台实践，不需要很强的行业积累，但需要很强的用户同理心和对平台规则的掌握。我经常劝我的客户，运营小红书平台不必专业性太强，专业性太强的内容吸引的是同行，普适性强且能解决实际问题的内容吸引的才是客户。

序

3. 我做小红书运营的整体节奏

在本书中,我将内容分为 5 个部分:先导篇、入门篇、进阶篇、高阶篇和案例篇。不管是运营小红书还是其他新媒体平台,运营节奏都特别重要。即便是老板,也要掌握一些初阶知识,这样才能更有效地管理新媒体团队,更好地听取员工汇报工作并管控员工的工作进度。

掌握节奏,循序渐进,方能大成,一口吃成个胖子不符合实际。当然,我们实际的运营成功案例远比本书中呈现的多,一方面图书篇幅有限,另一方面我们的很多客户对私密性要求比较高,如果各位读者想了解更多的实际案例,可以关注我们的课程。

本书之于我的意义

我之前是一个文艺青年,在 24 岁之前,我一直觉得人生唯一的目标是当一个作家。为此我读了很多书,写了很多文字,但大部分内容都没有发表或出版。

24 岁那年,我在京东图书任职,因为工作的原因,我有幸和很多国内蜚声在外的作家坐在一起交流。我粗略地算了一下他们的年收入,顿感心凉,即便是国内顶级的作家,年收入也没有我想象中那样惊人。

那时我就想,要想做到像他们这么厉害,我需要付出努力:笔耕不辍 20 年,还得文采过人。我掂量了一下自己,24 岁了,没在刊物上发表过文字,这说明我的文字水平是不被市场认可的,即便我力争上游,但没有天分可能也无法突破瓶颈。另外,在我奋斗的 20 年间，我可能一直默默无闻。这种情况令我绝望，所以我决定放弃成为作家的梦想，做自己擅长的事情，创造财富。自此之后，我一头扎进互联网行业。

但我一直有一个出书梦，也想通过自己的文字、主张、IP 属性去影响一些人、帮助一些人，本书的出版算是真正圆了我的一个梦，这是本书之于我的第一个意义。

本书之于我的第二个意义是，它给了我足够的空间，让我讲述小红书的运营方法论。我和团队在过去几年积累了许多行业实战经验，但不管是通过朋友圈还是公众号，分享出来的都是只言片语，系统性终究比不过图书。借着这本书，我终于能体系化地输出团队服务客户的经验。

本书之于我的第三个意义在于，它让我成为所谓的"专家"。我经常开玩笑说："图书是一个登堂入室、配享太庙的东西，专业性不可比拟。"如果不出书，我觉得自己始终是"江湖郎中"，处江湖之远。图书出版后，我的 Title 终于可以增加一个了。

胡石玉

2023 年 7 月

前　言

　　数字化时代，社交媒体的崛起给企业和个人带来了巨大的机遇与挑战，社交媒体平台也日益成为企业和个人进行宣传推广的重要渠道。其中，小红书平台作为国内外较为知名的社交平台，具有高质量用户群体和强大的变现能力。

　　小红书作为一个注重内容品质、集社交与电商功能于一体的平台，为用户提供了难得的商业机遇。通过有效的引流与获客策略，用户能够获得更多的品牌曝光和销售机会，同时也能更好地与目标客户建立联系。这为广大品牌、企业，包括个体运营者，带来了更多的商业可能性和发展空间。

　　我们团队主营小红书业务，初心是帮助企业解决引流问题，在长期服务客户的过程中，我们遇到了各式各样的人，他们有着各式各样的需求，基于此我们也总结出了针对各种需求运营小红

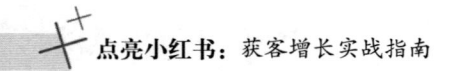

书账号的好方法，以及针对各类通用问题的解决方案。所以我们希望通过这本书，与读者分享我们的经验。编写这本书并不容易，在本书写作过程中，团队付出了大量的努力，但我们愿意为了帮助更多的人在小红书平台上取得成功而努力。

这本书将深入介绍小红书平台的运营策略和变现方法，激发更多人在小红书平台上展现自己的才华与创造力。无论你是企业经营者还是个人创作者，只要有小红书变现需求，相信本书都将为你开拓视野，成为你在小红书平台上取得成功的重要助力。

我们团队还有一个美好的愿望——让这本书的出版为小红书生态带来重大影响。我们希望通过这本书，让更多的用户了解和善用小红书，为小红书平台带来更多高质量的内容与商业机会，促进整个小红书生态的繁荣发展。

本书内容

本书从理论到实战，分为先导篇、入门篇、进阶篇、高阶篇和案例篇，共计五部分，涵盖 23 个主题（23 篇文章），每部分的内容简介如下。

第一部分　先导篇

先导篇将简单介绍小红书的运营方式和基本运营方法论，从小红书人群特征、用户画像开始分析，再介绍平台特征、社区属性和氛围，以及变现潜力和执行难度，本部分还将率先给出运营小红书账号的 7 个方法论。

前　言

第二部分　入门篇

入门篇将围绕账号定位、账号搭建、账号视觉、账号功能、账号内容和账号"避坑"介绍如何搭建爆款账号，主要阐明账号定位的重要性、账号搭建的步骤，深入研讨如何形成账号视觉，教大家利用好小红书平台提供的各种功能及生产爆款内容的方法，还会关注账号"避坑"策略。

第三部分　进阶篇

进阶篇将提供 6 套实战技巧，内容包括选取关键词的技巧、生产爆款帖子的标准化流程、利用矩阵运营账号的方法、引流到私域的方法、投放广告增加曝光的手段，以及小红书变现的 4 种方式，包括私域变现、广告变现、店铺变现和直播变现，为读者提供多种选择。

第四部分　高阶篇

高阶篇将深入探讨用户心理、数据分析、团队管理和运营模型，先介绍如何洞察小红书用户心智，然后通过科学的数据分析探讨起号秘诀，再从团队管理层面介绍如何更好地组建小红书运营团队，最后引入业内常见的各种运营模型，剖析小红书账号的运营思维。

第五部分　案例篇

案例篇将通过实例介绍各品类在小红书上高效变现的运营策略，包括小众品类如何运营，家装行业如何运营，教育培训行业如何运营，如何打造个人 IP，以及如何抓住小红书电商的机会。

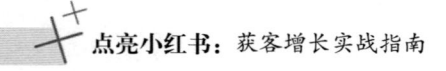

致谢

在信息获取上,我们团队从各大会议、各类资料中吸纳了很多精华见解,在这里,对这些高价值资料的提供者、生产者,致以深深的敬意和感谢。

我要衷心感谢我的团队成员,他们是这本书能够成功出版的重要力量。他们的专业知识、创意和热情不仅为这本书增添了活力,也为我提供了无尽的灵感。同时,我要特别感谢我的家人,他们一直是我最坚实的后盾和最大的支持者,感谢他们对我的理解和鼓励。

感谢电子工业出版社博文视点的孙奇俏老师在选题策划和文字编辑方面对我的帮助,感谢我的助理杨玲同学在稿件校对方面付出了辛勤的劳动。

最后,感谢所有购买这本书的读者朋友们:你们的信任和支持使我深感荣幸,我希望这本书能够给你们带来有价值的知识和启发,并帮助你们在小红书平台收获你们想要的。愿我们一同"玩赚"小红书。

目　录

第一部分　先导篇
做好小红书，到底多赚钱

01　运营小红书前，必须了解的 5 个真相 2
- 什么样的人，容易做成功小红书 2
- 用户画像和平台特征 3
- 社区属性和氛围 5
- 变现潜力 6
- 执行难度 6

02 小红书的 7 个运营方法论 9
- 1 个核心：模仿爆款 9
- 3 个方法 11
- 账号执行"三部曲" 15

第二部分　入门篇
6 大知识点，搭建爆款账号模型

03 账号定位：如何选择离钱最近的赛道 20
- 定位不是想象出来的，是测试出来的 20
- 什么是账号定位，为什么做账号定位 21
- 账号定位四分法 22
- 账号定位"五部曲" 24
- 什么样的账号离钱近 26

04 账号搭建：什么样的账号最吸睛 28
- 养号决定了账号成功与否的一半 28
- 找对对标很关键 30
- 账号包装很重要 32
- 个人号和专业号的区别 33

目 录

05 账号视觉：在小红书，"丑"是原罪 35
- 账号视觉是什么 35
- 账号视觉为什么重要 35
- 怎么做账号视觉 36

06 账号功能：用好每一个不起眼的地方 40
- 首页 40
- 视频 45
- 消息 46
- "+" 47
- 我 50

07 账号内容：如何生产算法喜欢的内容 59
- 小红书的流量分发逻辑 59
- 成为爆款的 6 个前提条件 60
- 如何做小红书爆款 64
- 迎合算法，还是坚持自我 71

08 账号"避坑"：小红书的违规限流预防 72
- 账号设置违规 72
- 评论、私信违规 74
- 笔记违规 75
- 刷粉和多账号切换违规 76

第三部分　进阶篇
6 套实战玩法，打造高变现账号

09 关键词：选词做得好，流量少不了 78
　└ 为什么要重视关键词 78
　└ 怎么选关键词 79
　└ 选好关键词后怎么用 88

10 爆文：爆款内容的标准化生产流程 93
　└ 2 个内容生产链条 93
　└ 3 个爆款标准化实操步骤 95
　└ 帖子互动很重要 98
　└ 搭建爆款选题库 99
　└ 巧用 AI，产能提升 10 倍 100

11 矩阵：让流量翻 10 倍的秘密 104
　└ 为什么要做矩阵运营 104
　└ 怎么做矩阵运营 106

12 引流：3 句话吸引精准客户加微信 109
　└ 为什么要引流 109
　└ 引流之前先定钩子 110
　└ 小红书中是否有绝对安全的引流方式 112
　└ 在小红书中引流，究竟怎么做 113

13 投流：如何利用投放涨粉拓客、"上热门" 121
- 为什么要投流 121
- 聚光平台怎么投流 122
- 薯条平台怎么投流 125
- 蒲公英平台怎么投流 129

14 变现：小红书变现的 4 种方式 133
- 私域变现 133
- 广告变现 135
- 店铺变现 136
- 直播变现 138

第四部分 高阶篇
爆款背后，实现批量复制

15 用户心理：小红书用户心智洞察 142
- 场域理论 142
- 小红书的用户结构与人群特征 143
- 如何洞察小红书用户的心智 144

16	数据分析：起号率 70% 以上的秘诀	149
	笔记数据分析	150
	账号数据分析	153
	竞品/对标账号数据分析与追踪	156
	行业数据追踪	160

17	团队管理：组建可复制的小红书运营团队	165
	新媒体团队兴起的原因	165
	新媒体团队的"选育用留汰"	169

18	运营模型：百万变现背后的运营思维	177
	平台模型	177
	业务模型	181
	组织模型	183
	运营模型	185
	心理学模型	189

第五部分　案例篇
"月入百万"的账号，究竟是怎样炼成的

19	小众品类如何在小红书起号运营	193
	小众在小红书不是坏事，是好事	193
	舞蹈艺考如何做小红书	194

目 录

- 平行进口保时捷销售如何做小红书 196
- 电视挂架安装如何做到人人皆知 198

20　家装行业学员缺课，理由竟是忙着收钱 199
- 家装行业为什么要做小红书 199
- 案例一：全屋定制，如何在疫情期间破局 200
- 案例二：原木家具工厂，仅用一招月入 80 万元 203
- 案例三：线下家装公司，如何切换增长引擎 205

21　搞教育培训，如何做小红书 208
- 雅思培训怎么做小红书 209
- 森林疗愈师培训怎么做小红书 212
- 论文润色培训怎么做小红书 216

22　在小红书，如何打造个人 IP 219
- 蛋花 cici 220
- 文科生没出路 223

23　小红书电商，2023—2024 年最大的风口 227
- 小红书电商为什么成立 227
- 小红书电商的风口在哪里 228
- 不同品类如何做小红书电商 230

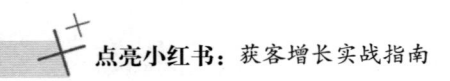

读者服务

微信扫码回复：46277
- 获取本书配套文字资料。
- 加入本书读者交流群，与作者互动。
- 获取【百场业界大咖直播合集】（持续更新），仅需 1 元。

第一部分 先导篇

做好小红书,到底多赚钱

这部分的主要内容如下。
- 运营小红书前必须了解的事项
- 运营小红书的几个方法论

01 运营小红书前，必须了解的5个真相

从 2023 年开始，小红书运营似乎一夜之间就火了，成了"显学"。大家都想趁着平台红利多时分一杯羹。我从 2020 年开始做账号运营，2021 年逐渐聚焦，只做小红书平台运营。这本书可谓汇集了我们团队这几年实操经验的精华。

2023 年的小红书相当于 2020 年的抖音，平台的流量和影响力都在不断扩大，但因为平台的商业化功能还不够完善，因此也恰巧让我们免费获得了很多机会。

什么样的人，容易做成功小红书

我从 2021 年开始做小红书培训，服务过几千名客户，我发现有些人做小红书特别容易取得效果，而这些人一般具有以下特点。

1. 对内容、流量有超高的领悟能力

这类人不多见，因为大 V 是筛选出来的，不是培训出来的，要做成难度很大。打造 IP 要具备内容优势，如果是视频，还要求出镜者有表演能力，而演员是一项专业性极高的工作，绝大部分人没有这种能力。

我们常说，有这种能力的人，即使不借助运营团队的帮助，也能把账号做起来。尽管我们更熟悉平台的规则和玩法，可以指

导客户不走太多弯路，但如果自身能力不足，仅凭他人帮助就想一腔热血地打造 IP，基本上只能成为被"收割"的对象。

2. 能听取意见并照做

即便是新手，只要"听话照做"也很容易在前期取得成果。就怕固执己见，按自己一贯的行事风格运营小红书账号，这类人通常难以成功。毕竟，如果他的方法真的有用，他早就成功了，也不需要我们的帮助了……

3. 有具体业务，只把小红书当作引流或销售渠道

这类人一开始目的就很明确，做小红书，要么是带货，要么是引流获客，因此他们的小红书变现过程往往路径极短，内容上直接选择和自己业务相关的即可。

用户画像和平台特征

在投资领域，有这么一个"笑话"：从消费投资和市场价值来看，各类人群价值排序依次是，女生>小孩>狗>男生。可见女生在社会经济中的地位之重。

从小红书平台来看，小红书月活用户达到 2.6 亿名，其中 90 后占比 70%，一二线城市用户占比 50%，用户男女比例为 3∶7，整体用户画像如图 1-1 所示。

我们公司内部经常开玩笑说：小红书聚集了全国最会"败家"的女生们。"败家"也就是消费，在凯恩斯主义里，经济要提振，需要大家多"败家"。

图 1-1

基于用户画像，以及我们经常"逛"小红书的体会，这里总结 3 个小红书的平台特征。

1. 消费主义

小红书是一个巨大的消费主义中心，也是一个巨大的线上购物商场。

消费主义的属性决定小红书会离钱特别近：用户容易接触到一手品牌、消费信息；商家容易接触到有付费能力和付费意愿的客户；创作者不用担心粉丝变现，我们的客户里甚至经常出现刚开始运营账号就能变现的人。这是其他平台很难比肩的，也是小红书最大的优势。

当在小红书平台里面看到"求链接""怎么买""礼貌询价"等关键词时，就说明账号离变现不远了。

2. 流量平权

在董洁之前，小红书几乎不推任何明星大 V，可谓是众平台里对素人最友好的平台。流量平权带来的是，新入场者在小红书也有赚钱机会。在抖音，只要对比过几个账号就能发现，出现同样内容的概率很高，说明平台在用流量势能造星。但到现在为止，小红书"推荐"页面依然千人千面，社区内容很有深度。

3. 流量价值比高

小红书平台的高付费潜力客户较多，但明显呈现"流量可被货币化的水平高，但流量货币化率低"的状态，即由于小红书平台的商业化不完善，用户变现受限。商业化设施越不完善的地方，对于商家而言就越有机会。如果平台已经非常完善，那么恨不得每一丝流量都被标注好价格，但是在小红书平台上，商家还能免费"蹭"到很多流量。

社区属性和氛围

小红书的 Slogan 是这两句话——标记你的生活，或者你的生活指南。从这两句话中，我们能发现，小红书是一个倡导多样生活方式的社区，具备很强的包容性。小红书上的分享者有 6900 万名以上（截至本书写作时），相当于有 26.5%的小红书月活用户是发过笔记[①]的，这远远超出其他平台。

小红书可以说是社区氛围最好的中文平台之一。这几年，不

---

① 在小红书平台，发布的帖子也称"笔记"，本书中不会刻意区分或统一说法。

管是微博、抖音、B 站，还是其他平台，或多或少都曝出过"网暴普通人"的事件，平台的氛围不纯净导致了很多悲剧事件。

但小红书在这一点上做得特别好。没有对比就没有伤害，逛过其他平台再逛小红书，简直可以说"如沐春风"。这也是我一个大"直男"却很喜欢小红书的原因。社区氛围友善不是一日之功，经年累月，这种氛围对社区的商业化帮助会特别大，这也是 2023 年小红书商业化愈发成功的原因之一。

变现潜力

根据 QuestMobile[①] 2020 年发布的数据显示，在抖音、快手、微博、小红书 4 个内容平台中，抖音、快手的平均带货转化率为 8.1%、2.7%，微博的平均带货转化率为 9.1%，而小红书的平均带货转化率为 21.4%。那时便可见小红书的变现潜力之强。

从上面介绍的用户画像、平台特征、社区属性和氛围中，我们可以知道小红书覆盖了相当一部分主流消费人群，不管是做美妆护肤，还是做教育培训，各行各业都能在小红书上寻找到一定的精准客户群体。

执行难度

之所以有很多人想入场小红书，还因为它的执行难度小。

小红书社区内容是支持图文形式的，图文比视频内容生产成

[①] QuestMobile 是国内专业的移动互联网商业智能服务平台，可提供互联网行业数据。

本更低,在抖音上发布一个视频,至少需要一个上镜的达人、一个摄影剪辑、一个运营人员,而在小红书上发布图文,一个人就能形成闭环,甚至一天能生产五六篇内容。做账号的效率明显提升,取得结果的速度也会更快。

小红书的内容发表框几乎是所有平台中最简单的,它的基本构成只有图片/视频的上传选项、标题输入框、正文输入框,还可以在编辑内容时带上话题、@某位用户、使用互动组件,并添加地点,如图 1-2 所示。

图 1-2

标题仅限 20 字，正文上限为 1000 字，无法进行富文本编辑，这让小红书的内容生产成本极低。与之相反的典型是知乎平台，该平台上的很多优质内容都是"长篇大论"，但能生产长篇大论的人实在是少数，无形中提高了创作门槛。

再加上小红书流量平权，对新人有流量扶持，粉丝量低也能变现，自然吸引了很多人入场。

当然，小红书非常值得大家入场！

02　小红书的7个运营方法论

2022年，我们团队在做流量培训，专攻小红书平台，服务对象是企业主和企业业务负责人。

在小红书，我们跑通了27个品类的获客逻辑。这里面包括但不限于：家装类（全屋整装、局部微改等）、培训类（公考、考研、MBA考试、兴趣培训等）、留学类、婚纱摄影类、珠宝类、招商加盟类、创业类、家政月嫂类、母婴育儿类、旅游类、豪车及周边类、辅助生殖类等。

我们做两条线，一条是小红书账号代运营，另一条是小红书引流培训。由于时间有限，我们没有经常直播、做公开课，而是想通过本篇将核心获客方法开源：一方面增进客户对我们的了解，知道我们为什么可以干成这件事；另一方面，我们认为目前能看到的很多关于小红书的获客方法论，并不具有指导性和普适性，因此，作为小红书生态的圈内人，我也忍不住想要站出来，告诉大家真正的玩法是什么。

1个核心：模仿爆款

第一个方法论是模仿爆款，而且一定是**模仿最近的爆款**。在同一个审核尺度下，很多人都知道做账号要模仿爆款，但这还远远不够。几年前火的内容，现在再来发，时效性已经过了。这是由于**平台的审核标准是一直在变的**。之前能发的不代表现在还能发，之前发火了的不代表现在发还能火。

比如，对于"育儿攻略"这一方向，我们一搜，可能会出现图 2-1 中这些热帖，数据大都不错。但如果要模仿其中的一篇，我会模仿左上角 2023 年 4 月 10 日产出的内容，而不是其他 3 篇。虽然其他 3 篇内容也不错，但为了让我的帖子安全且容易吸引眼球，我会模仿近期的爆款。

图 2-1

要想内容能在平台中被收录、被推荐，最简单的办法一定是模仿最近的爆款。因为这样的帖子最近在平台上已经通过了审核，不仅能满足用户的需求，也能证明选题、内容方向没有问题，话术比较安全，不然，我们确实很难搞清楚，到底哪个词、哪句话会被平台判定为敏感。而所谓的敏感词查重平台，也无法和小红书平台的要求完美契合。

模仿爆款是运营小红书的核心方法论，我们用这种方式起步，在一年时间里成功孵化了近 300 个账号。

3 个方法

方法 1：可复制化矩阵

我们是坚定的矩阵账号玩家。当一个账号变现"跑通"后，我们就完成了从曝光（阅读），到引流（"加微"[①]），再到变现的过程。此时要进行账号的批量化、规模化复制。

已经跑通变现，证明链路已经通畅，那么，只要加大流量注入，产出就会不一样。这就是所谓的"可复制化矩阵"。

我们内部有一个讲法，叫作"榨干选题"。

只要有账号发布出爆款内容，便不会只在这一个账号上发布内容。单个账号的能量有限，但如果能用 10 个账号模仿发布内容，效果就会不同，收获**流量的级别**马上就会不一样，即便无法线性获得 10 倍流量，3~5 倍还是比较容易实现的。而且，爆款内容很

[①] 通过小红书平台变现通常需要引导用户加微信。

容易被别人模仿，与其让别人利用这样的资源，还不如自己消化，继续成就下一个爆款。这样基本上就把爆款选题的流量榨干了。

以往有客户在选择我们帮忙孵化账号前，会因为我们某个账号的粉丝量较少而犹豫不决，但实际上，我们团队在一些品类上的流量是非常可观的，因为我们在领域内有多个流量账号。后来，为了避免客户再有类似的顾虑，我们便做了一张图更好地展示团队的力量，如图 2-2 所示（仅以某个品类为例）。

图 2-2

这种可复制化的思路是通用的。举个例子，我们有一个客户，其主要工作是提供高客单价服务（服务费从十几万元到几十万元不等），他的思路出奇制胜。他事先注册了几家公司，并为每家公司运营小红书账号，一部分专业号用来服务高价客单，另一部分用来服务相对低价的客单。客户如果觉得服务费高昂，便有可能找到另一家低价公司，其实背后也是他，只不过换了联系方式而已。这样操作，获客率怎么会低呢？

方法2：品类占领

品类占领和可复制化矩阵，思路大体相同，但略有差异。可复制化矩阵适合市场份额较大的业务，品类占领则适合垂类业务。

品类占领是指，当一个品类规模不大且单日内容产出也不多时，要抓住时机多发布内容。

举个例子，我们有一个客户主营福建省舞蹈艺考培训这个品类，一天生产3篇内容，只需要做到每日生产的3篇内容都被平台收录，就能占领该品类50%的内容份额，如果一天生产7篇内容且被收录，就能占领该品类70%的内容份额。先不论帖子是否排在搜索前列，单论曝光，用户就很难"逃出"他的内容范围。

这样带来的效果是，在小红书上搜索"福建舞蹈艺考"，出现的账号和内容几乎都是这个客户的。他也用了"可复制化矩阵"的思路，注册了多个账号，有的账号主打"美女老师"，有的主打"进入名校"，还有账号负责"种草"[①]艺考培训机构。最终，这个客户通过4个账号配合高频产出便占领了小红书中"福

---

① "种草"为网络流行语，指专门给他人推荐好物的行为。

建舞蹈艺考"这个品类 50% 以上的内容份额，如图 2-3 所示。

对于较小众的品类、垂直品类，都可以用这种打法。我们代运营的一个客户，专做豪车销售，也使用了这种方法获客。

图 2-3

方法 3：5 分钟触达

5 分钟触达同样是运营的重点方法论。因为客户不是随时都在刷小红书的，因此要趁着客户看到推广帖子的当下，引流"加微"。否则错过了信息的时效性，效果便会大打折扣。

"加微"数一般可用公式计算：

$$"加微"数 =（私信数+评论数+关注数）\times 40\%$$

如果"加微"数没有达到私信、评论、关注总数的40%，则证明运营效果不好，团队需要督促。

目前我们团队能够在工作时间内做到5分钟触达客户，3句话引流到微信，从而快速变现，大概如图2-4所示。另外，团队引流数据和业绩挂钩，因此在非工作时间也能较及时地引导客户加微信。关于这一点，很多我们的课程学员和代运营客户都深有体会。

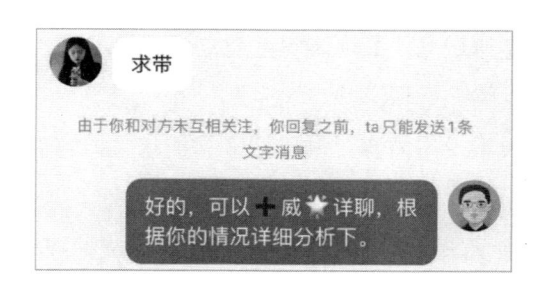

图2-4

这里要注意，通过私聊插件来提升引流效率是有"蹭"流量嫌疑的，可能存在封号的风险。

以上是我们团队运营小红书账号的3个方法，但在实际操作时还需遵从社区账号规则，因此，我们总结了账号执行"三部曲"。

账号执行"三部曲"

1. 养号

这里的养号，是指为保持账号活跃度、增加账号权重等进行的一系列账号维护行为。在小红书，的确存在养号一说。经过几百个账号的测试，我们发现是否养号对账号的权重、存活期限有一定的影响。

从小红书社区的角度出发，如果有商家注册了上万个新账号用来发广告，用户体验一定不好，为了不影响用户体验，平台会标记带有营销属性的高危账号，并对其限流。

基于上述规则，我们团队的养号技巧如下。

- 在家注册账号，不要使用办公室 Wi-Fi，避免平台对相同类型账号限流。
- 前 3 天不发布内容，每日搜索品类相关内容，点赞、收藏、评论，每日浏览时间不低于 15 分钟。
- 从第 4 天开始，模仿与品类相关的干货帖或互动帖，发帖测试流量，浏览量高于 100，则判定账号正常。
- 粉丝数超过 200 或获赞数及收藏数超过 300 后，开始进行引流。
- 从第 7 天开始，可以使用办公室 Wi-Fi 进行后续账号运营。

2. 拉权重

完成养号后，不能马上引流，因为这时账号权重仍然较低，如果账号没有创造出优质内容就不停地引流，平台会对这类账号进行管制，或是做封号处理。所以，我们要给社区创造价值，提高账号权重，这样才会相应地获得一定的流量曝光。

那么，如何拉权重呢？其实就是利用上面提到的"干货帖"和"互动帖"。

干货帖，顾名思义就是内容干货满满的优质帖子，发布这样的帖子主要是为了提高权重、测试流量。互动帖一般以问题的形式存在，更多的是为了与用户进行交流，从而提高账号的关注度。

一般来说，可以用一周时间养号，账号权重达到预期后就可以开始考虑引流了。

3. 引流

很多干货帖本身就能引流，除此之外，专门的引流帖也格外重要。这里我以我们创业类目进行账号引流的案例为例进行说明。

创业类目对账号权重的要求是较高的。对于这个类目，在发布内容中推荐创业项目是最难的，但也是最容易吸引用户的。可以通过发布这类内容进行账号权重的提升。但是不要在账号维护不够的情况下直接发布引流帖，这样很容易被平台限流。

当你至少有 200 名粉丝，帖子点赞数超过 300 的时候，再去发布项目、做引流，账号存活的可能性才会更大，至少账号被屏蔽、被封禁的概率会更小。

通过这一年在小红书平台上不断尝试、突破，我发现只有发自内心地认识平台，发自内心地站在平台的角度去看待问题，创造好的内容，才能长久地在平台上"活"下去。

第二部分 入门篇

6大知识点,搭建爆款账号模型

这部分将围绕"账号"运营进行介绍,涉及的方面如下。

- 账号定位
- 账号搭建
- 账号视觉
- 账号功能
- 账号内容
- 账号"避坑"

03 账号定位：如何选择离钱最近的赛道

定位不是想象出来的，是测试出来的

很多客户都会问："能不能帮我做一下账号定位，找一下对标账号？"

我们会斩钉截铁地回答："不能！"

这时，客户往往会感到疑惑。

这是因为，刚开始就想着如何做账号定位，是一个典型误区。账号定位并非凭空想象出来的，而是测试出来的。

账号运营前期不需要做账号定位，只要选定一个方向，模仿爆款发布内容即可。比如，你想加入"雅思培训"这个赛道，那么你可以先选择该方向近期的低粉爆款帖子进行模仿。一上来就想颠覆、想创新，形成自己的账号定位，这几乎是不现实的，因为这种颠覆的不确定性较高，平台推荐算法有可能不认可这个账号定位，内容中若含有未知敏感词也会导致帖子被平台拦截。

当然，前期不做账号定位并不代表要完全抛开账号定位不谈，和创业一样，都是从模仿开始，再逐渐创新。这里只是强调，我们不能一上来就想着给自己的账号赋予颠覆行业的定位。

另外，对标账号这个概念，从某种程度上来说也是不准确的。比如，一个刚注册的账号跟一个已经有上万名粉丝基础的成熟账

号，该如何去对标呢？两个账号权重不同，同样的帖子发出来，成熟账号的数据很漂亮，新账号就违反了《小红书社区规范》，这都是权重不同带来的问题。

"对标"当然可以，但不是单纯地去对标账号，而是要对标单篇帖子，尤其是最近发布的、低粉丝量（0~1000名粉丝）账号发布的、爆款的帖子，这才是正道。

根据以往的经验来看，账号运营成效显著的客户都不会在前期执着于"账号定位"，而那些有很多自己的想法、固执己见的客户，开始就做账号定位，反而不容易把账号做起来。

通过前期积累，测试账号数据，当普通帖子的浏览量能够超过100，爆款帖子的浏览量能够超过1000时，就可以着手做账号定位了。

什么是账号定位，为什么做账号定位

要做账号定位，先得弄清楚"是什么"和"为什么"。

账号定位是什么？其实和人的定位一样，就是给别人的第一印象。

比如，一般人印象里的我，可能是"会做流量""文艺青年""创业公司CEO"等。可是，当我接触的客户越来越多时，我唯一能令人记住的点，就是"会做流量"。

人会有许多标签，账号也是。但如同人会因为某一个标签被大家记住一样，标签越少，账号定位越精准。很多博主运营账号时，恨不得把所有的标签都展示出来，但别人能记住几个呢？

我们再来聊聊为什么要做账号定位。

做账号定位是为了搞清楚业务和产品要往哪个方向走，最终导向变现。账号定位具有一定的指向性，能让账号运营者少走弯路，聚焦核心业务。对于用户来说，有定位的账号更容易让他们迅速发现其中的价值。

账号定位四分法

那么，怎么做账号定位呢？我的主张是，要遵循账号定位四分法，围绕客户想看、我们能做、平台允许、竞品正在干这 4 个核心进行内容创作，如图 3-1 所示。

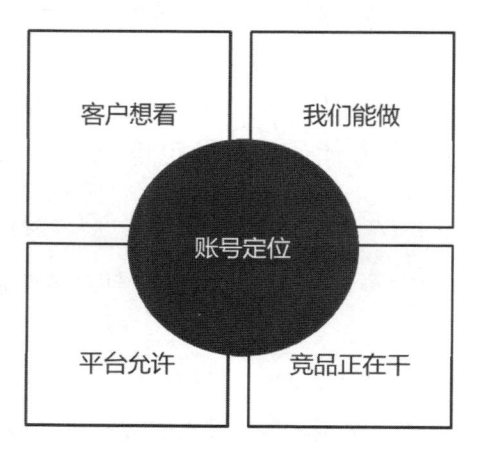

图 3-1

"客户想看"要求我们做群众喜闻乐见的内容。有的人做账号会无意识地陷入"自嗨"状态，花 5 分钟进行冗长的自我介绍，却还没说到重点，其实大家并不关心你到底是谁。

做新媒体账号，要迅速把大众想看的内容精简地呈现出来。比如，这个标题"155小个子女生韩系通勤穿搭"，表达简单，受众明确，这样的标题和内容就是"客户想看"的，能达到精准获客的目的。

"我们能做"也很重要，这几乎是一个前提。比如，我们有一个客户专门卖进口豪车，他很希望我们团队帮他打造"香车美女"类的视频，但这样的意义不大。因为这类视频吸引的受众过于广泛，无法精准吸引客户，也可能带来一定的风险。我们经过考虑，觉得"不能做"，因此为他设计了其他的运营方案。

"平台允许"尤其重要，同时这也是被严重忽视的一点。例如，虚拟货币、信用卡办理、借贷等方向，在小红书社区是严格禁止的，帖子的量再多，内容再精美，也掀不起波澜。再如，医美、整形等品类，平台的审核也较为严谨。

最后是"竞品正在干"。如果想做某项业务，但该品类在小红书上还没有竞品，那么通常可能是因为以下原因。

原因1：同行还没有发现小红书这个宝藏平台。

原因2：由于搜索方式不对，你没有找到对标竞品。

原因3：小红书平台并不支持对该品类进行运营，这种情况出现的可能性很大。

因为原因1而无法在平台上找到竞品，其实是比较幸运的，此时入局面对的就是蓝海，能够吃到大量的流量红利。我们有一个客户做福建省舞蹈艺考培训，这是一个极度垂直的品类，每年的考生才几百人，他刚入驻小红书时几乎没有竞品，所以便轻松

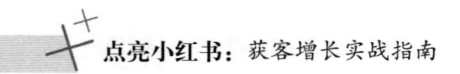

占领了该品类的市场。最终，他用 3 个月引流了 400 人到私域。这是一个典型的吃到了蓝海市场红利的例子。

我们要善于进行竞品分析，找到我们自己的特长，试探着形成自己的模式，进而形成账号定位。

以我们团队的"私域引流"业务为例，图 3-2 进一步总结了账号定位四分法，是不是清晰了许多呢？

账号定位四分法

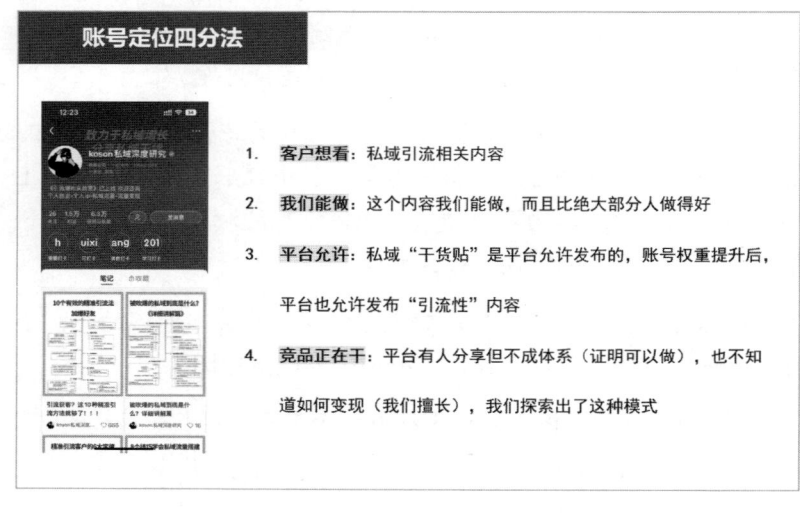

1. **客户想看**：私域引流相关内容
2. **我们能做**：这个内容我们能做，而且比绝大部分人做得好
3. **平台允许**：私域"干货贴"是平台允许发布的，账号权重提升后，平台也允许发布"引流性"内容
4. **竞品正在干**：平台有人分享但不成体系（证明可以做），也不知道如何变现（我们擅长），我们探索出了这种模式

图 3-2

账号定位"五部曲"

遵循四分法便能大致锚定账号定位。但这还不够，还要结合"我"，认识到自身的优势才能将账号发扬光大。在这里，我们介绍账号定位"五部曲"，就是围绕"我"展开的。

- 第一部：我是谁。
- 第二部：我的经历是什么。
- 第三部：我的成就有什么。
- 第四部：我想分享什么。
- 第五部：我在该领域有什么优势。

"我是谁"，即要正确认知自己，对自身能力做出客观的评估。没有金刚钻，别揽瓷器活。

"我的经历是什么"，即总结人生中某段不平凡的经历，成功或失败都可以分享，成功有成功的秘诀，失败有失败的教训，这些经历转化成帖子，基本上都会收获一定的流量。在小红书，你会看到很多"创业失败"的案例，当下我便能胡诌一个——从清华毕业到负债2000万，我的创业失败教训总结。这类帖子往往能成为流量密码，因为其中分享的经历往往比较吸引人。

"我的成就有什么"，即分享人生中的"高光时刻"，往往指我们之前做成过的事情。这些事情是说服客户的工具，我能把成就不骄不躁地分享出来，本身也容易让客户感受到"真心换真心"。

"我想分享什么"，这是核心。最初模仿同行、模仿爆款，到后面一定要知道自己真正想要分享什么，在发布的内容中注入"我"的元素。比如，我是卖高端定制女装的，那我分享的是自己做高端定制女装的经历，或自己的设计审美、价值主张等，这可能比单纯分享服装款式的同类账号更容易形成账号定位，进而精准获客。

"我在该领域有什么优势"，按字面意思理解，就是呈现自己比别人强的地方。依然用高端定制女装这个品类来举例，我的设计元素有哪些，品牌理念是什么，我在行业内积攒的经验有什么，这些都是我的自身优势，也是账号的核心竞争力。而且我们要像孔雀开屏那般快速在客户面前将优势展示出来。抖音里有黄金 5 秒，小红书中则有封面和标题，要尽量让用户第一眼就被封面和标题吸引，并在阅读一篇帖子的 15~30 秒内完整进行价值表达。

图 3-3 以我个人为例，更好地诠释了账号定位"五部曲"。

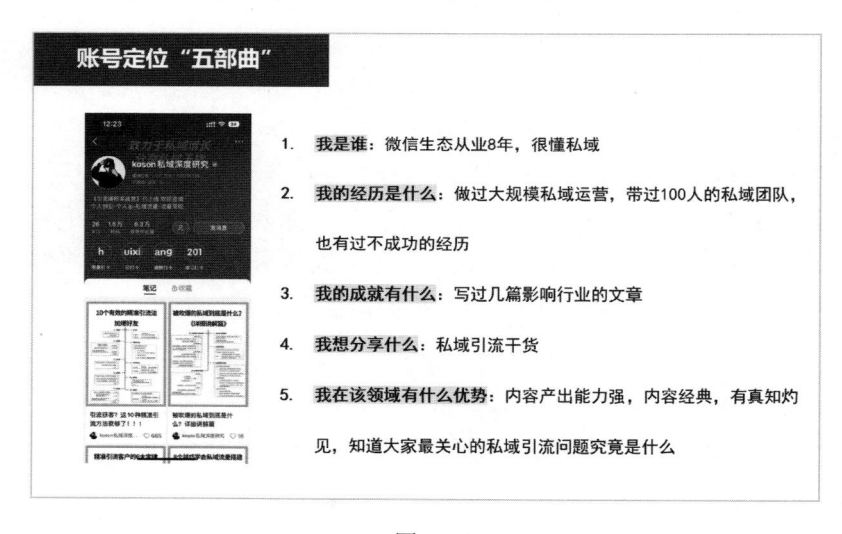

图 3-3

什么样的账号离钱近

并不是粉丝量越大，账号就离变现越近。

以广告推广为例。甲方一般因为账号粉丝基数大而给博主更高的推广报价。但对于有些品类账号，如搞笑类、剧情类的账号，即便账号粉丝基数很大，变现效率也比较低。因此许多广告主除了会看粉丝量，还会看账号品类。另外，分析粉丝人群是否与产品匹配也很重要，比如一个卖豪车的商家在一个有几百万名学生粉丝的账号下投放广告，必然会因为受众不符而无法收获理想的效果。

所以，要想变现，最好直接面向精准客户，即我们本篇强调的，做好账号定位。不要想着先把粉丝量做起来再去慢慢筛选，如此一来账号运营周期将会十分漫长。

精准客户会表现出如下特征：在评论区或在私信中"求链接"，直接询问"怎么买"，给出"礼貌询价""求带"等关键词，他们甚至不会点赞。我们有一个客户是做同城婚纱摄影的，他每天更新客片、客户好评等。其优势和定位就是"同城服务""定制拍摄"等，这样的帖子非常容易吸引精准客户，有意向的客户甚至不会点赞，直接私信询问是否可以接单，接着加微信，交流询价，付款成单。

做好账号定位，将直接导向快速变现。

04 账号搭建：什么样的账号最吸睛

养号决定了账号成功与否的一半

搭建一个账号的大致流程是：养号、找到对标、模仿爆款、账号完善、逐步变现。在完成账号注册并基本确定账号定位后，便要马不停蹄地进入养号阶段。

养号是被大多数人严重低估的一步，但它却能决定账号是否成功。可以说，做好养号，运营账号就成功了一半！

为什么呢？原因很简单，站在平台的角度来思考，假如忽然有大量的新账号涌入社区，铺内容、做数据、博流量，那么整个社区的生态会在一定程度上遭到破坏。因此，为了尽量避免以上情况，平台自会有一套机制，用来检测账号是否有恶意注册的嫌疑。为了提高平台对账号的信任度，使账号不至于被判定为"营销号"，我们必须要养号。

关于养号的内容，我们在先导篇曾简单提及，这里再详细进行剖析。

养号前要注册账号，最好选择一个来自三大运营商的全新手机号进行注册。经过测试对比，用虚拟运营商号码注册的账号相比用三大运营商号码注册的账号而言，权重略低。如果是海外用户，可以直接用当地的手机号注册小红书账号。对于账号，以下3类并不推荐，大家要注意。

1. 来路不明的账号

不要从非正规渠道购买来路不明的账号,不仅质量较差,而且可能会涉及犯罪。

2. 注销超过 3 次的账号

经过反复测试得知,一个账号若注销超过 3 次,再注册时权重将明显下降,稍微涉及敏感的内容便会违反《小红书社区规范》。但也不要害怕注销,如果运营一个账号在两周内数据仍毫无起色,我们会建议注销账号,第 2 天再重新注册。

3. 被限流或违规过的账号

如果一个账号在运营初期就被限流,会收到官方违规通知,建议直接将账号注销再重新注册,不要继续养号。这样的账号权重会下降,要想提升所需花费的时间成本较高。但如果是在账号运营过程中偶尔违规被限流,其实影响并不是很大,此时若账号已经积累了一定量的粉丝,则完全没有注销的必要。

养号的核心是无限模拟真人,这里我们总结了如下养号技巧。

- 如果要一次注册多个账号,最好大家分开注册,团队内部不要使用同一 Wi-Fi,这一点在 02 篇进行过说明,此处不再赘述。
- 用账号每天刷小红书不低于 15 分钟,连续 2~3 天保持这个状态,不限于浏览视频和图文。
- 前 3 天不发布内容,每日搜索品类相关内容,点赞、收藏、评论,评论内容不涉及引流,类似于"真好""真棒"之

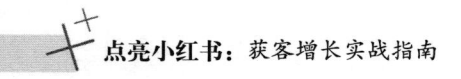

类的即可。

- 从第 4 天开始，模仿本品类相关的干货帖或互动帖，发帖测试流量，粉丝数超过 200 或获赞数及收藏数超过 300 后，开始进行引流。
- 编辑资料，把名字、小红书号、头像、简介、性别、生日、地区、职业、学校、背景图等都尽可能完善，资料要尽量真实，符合账号定位，不要含有引流暗示。
- 随身携带手机，可以发布分享瞬间，也可以在平台首页"记录我的日常"。

找对对标很关键

03 篇提到过，运营账号前期的找对标不是对标某个账号，而是要对标单篇帖子，尤其是最近发布的、低粉丝量（0~1000 名粉丝）账号发布的、爆款的帖子。

这里强调的"对标"也是对标帖子，那么如何能够更好地找对对标帖子呢？我们总结了两种方法。

1. 善用小红书的搜索功能

小红书中有非常便捷的搜索功能，其搜索框位于主页上方，非常醒目。以"创业"方向为例，在发布帖子前，搜索"创业"，选择"最新"，如图 4-1 所示。点赞数超过 50 的低粉丝量账号发布的热帖，就可以作为我们对标模仿的对象；点赞数超过 200 的帖子，或者评论数超过 50 的帖子，我们一定要认真模仿。

图 4-1

2. 善用"千瓜"和"新榜"

"千瓜"和"新榜"都能提供互联网行业数据,也能提供这些数据背后的爆款内容。如图 4-2 所示,搜索对应品类关键词,依然选择低粉丝量(粉丝总数在 1000 以下)账号发布的爆款,最好选择最近 1 个月内的爆款(不超过 3 个月),去对标模仿这样的内容对账号搭建非常重要。

图 4-2

那么，我们对标帖子，具体是对标什么呢？也就是说，我们常说要模仿近期爆款，究竟是模仿什么呢？

首先，一篇帖子有4个基本构成要素：封面、标题、正文（文字、图片、视频）、话题，这些都要尽量对标模仿。

另外，变现方式也要对标模仿。浏览同行的帖子只是第一步；第二步是评论、发私信，看对方如何引导用户付费，实现变现。

如果是引导到小红书后台或其他电商平台（如淘宝）付费，我们可以逐步截图，拆解每一步操作的目的和意义；如果是引流至私域付费，则可以扮成客户去学习同行的优秀经验，甚至可以购买同行的产品，学习对方的优势。不断研究竞品，能够尽量多地掌握行业内的前沿信息。

账号包装很重要

在养号期间，我们不主张对账号做任何包装，而是要尽可能地展示真实的情况。等到帖子的"小眼睛"数（浏览量）基本上能稳定达到100以上，爆款帖子的"小眼睛"数能达到1000以上时，便可以进行账号包装了。

账号包装，其实就是对账号信息进行完善，这是账号搭建流程中非常重要的一环，具体可以从以下几个方面进行。

- 名字：可以将业务、网名、地方等关键信息进行组合，更好地展示账号，比如，长沙摄影老胡。
- 头像：更换系统头像，推荐使用真人头像，或者比较符合自身业务气质的头像等。

- 简介：介绍自己，以及账号的定位，可以在简介里面@小助理账号，用小助理账号置顶一篇带有微信号的帖子，导流加微信。
- 主页：编辑资料时尽可能完善，个人的性别、生日、地区等信息建议认真填写。
- 隐私设置：在"设置—隐私设置"中选择"隐藏我的关注列表"和"隐藏我的粉丝列表"，这样可以避免同行相互影响，或对你的粉丝进行恶意截流。

个人号和专业号的区别

小红书的账号分为个人号和专业号。

个人号，顾名思义就是基于个人手机号注册的账号，专业号则是通过资质申请后由官方认证并下发的账号。专业号有两种标识：红V和蓝V。红V账号背后一般是具有专业认证的个人，比如某医生、某律师等；蓝V账号则一般为个体户或企业账号。

个人号和专业号之间有较多区别，值得注意。

- 标识：专业号有加V标识，个人号没有。
- 私信次数：个人号每日可主动私信他人5次，专业号可达每日20次。被用户关注后，两者私信次数都不限。
- 引流情况：一般来说，如果不是平台的主推品类，如虚拟品类，专业号引流相对个人号限制更少；如果是平台的主推品类，如美妆、消费品，个人号和专业号在引流上都容易受影响，最好选择在站内成交。

- 广告投放：2023年"618"期间，小红书官方推出了"盛惠引爆618"新活动，将之前在薯条平台投放广告的条件（未认证个人号必须拥有500名粉丝才能使用薯条广告功能）大大降低，此后将不再限制粉丝门槛。当然，投放付费广告时仍建议选择经过认证的专业号。
- 付费：认证专业号每年要付600元，个人号免费注册。
- 其他功能：专业号可以直接开通直播功能，个人号则需要实名认证，专业号也可以在主页添加线下门店、进行抽奖、与达人合作、进行账号关联，支持的功能更多。

搭建个人号与专业号要注意上述区别，利用各自的特点做好账号搭建的一环。

05 账号视觉：在小红书，"丑"是原罪

账号视觉是什么

账号视觉，是指小红书账号发布帖子的封面、内文（图片、视频、文字）等呈现给人的整体感觉。其中最主要的是封面带给人的视觉感受。

各位读者都是纵横互联网多年的老手了，相信大家不难发现，相比抖音、B站、知乎、微博等平台，小红书中的图片和视频整体而言更加精致美观。也就是说，小红书平台的账号视觉整体比较好。

账号视觉为什么重要

不同平台的账号存在视觉差异，主要是由于用户的调性不同。小红书的用户画像主要聚焦于一二线城市的青年人群，其审美观较为发达，因此，不注重视觉打造的帖子难以得到小红书社区流量的青睐。这也是账号视觉对于小红书平台而言十分重要的原因。

为此，我们团队内部有一个较为武断的说法——在小红书，"丑"是原罪。

用户在刷小红书的时候，最先映入眼帘的便是封面，封面给用户以初印象，同时决定了帖子的初始点击率，而初始点击率高

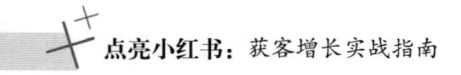

的帖子将被推到更大的流量池中。

想象一个日常使用场景：小红书的发现页面是双排的，此时页面上有 4 篇帖子映入眼帘，在这些帖子里，我们会优先查看哪一篇？

一般来说，封面漂亮且包含关键词的帖子，我们更可能点开它。因此，封面要做得精美，其中要含有关键信息。如果是服装品类帖子，封面上可以展示一件吸睛的衣服；如果是干货帖，则要在封面上传递主要观点，如图 5-1 所示。

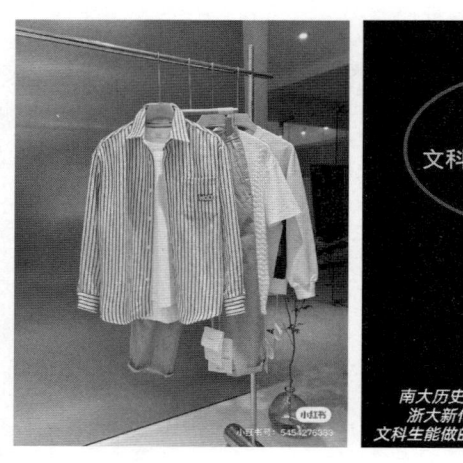

图 5-1

怎么做账号视觉

账号视觉不是一下子就能形成的，究竟如何实践，也非常重要。接下来，我们就从实践方面介绍如何做好账号视觉。

1. 账号视觉何时形成、何时迭代

账号视觉并不是一蹴而就的，而是在账号发帖过程中逐渐形成的。在前期，我们可以不断调整封面模板样式，比如今天选择克莱因蓝为底色，明天选择勃艮第红为底色。在这个过程中，我们必须要有意识地去培养和提升审美。

在调整封面的过程中，不同帖子会得到不同的浏览数据。在连续发布 7~10 篇帖子之后，从中筛选数据最好的一篇，或浏览量明显高于其他帖子的一篇，这篇所使用的封面样式可作为固定模板，至此一个账号的视觉便基本成型。

之后再发布帖子，封面底色、插图元素等可以维持不变，只微调帖子内容即可。这样一来，既提升效率，又提升了账号视觉，使各帖子的封面视觉统一。

当然，账号视觉也不是一劳永逸的。经过实操测试，长期使用同一个封面模板，帖子流量会逐渐下降。此时平台、用户会对账号发出审美疲劳的信号。这个信号的反馈一般来自用户点击量及停留时长，当这两个数据下降时，平台便会渐渐降低帖子的流量曝光。

那么，遇到这种情况该怎么办呢？

首先要排查，如果确认不是内容含有敏感词被限流，或账号权重下降，就说明需要更换帖子封面，即要迭代账号视觉。更换后，重复之前的操作，连续发帖测试，挑选数据表现较好的帖子，将其封面作为下一个模板，形成新的账号视觉。一般，这种情况每 3 个月可能会出现 1 次。

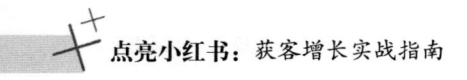

2. 账号封面怎么设计更好看

我们推荐使用在线模板软件设计封面,比如稿定设计、可画、创客贴、醒图、黄油相机等。这些软件的优点是,模板丰富,操作较为简单。但由于小红书运营队伍庞大,这些软件里较优质的模板已被滥用,用户可能已经产生了审美疲劳。

因此,对于使用软件设计封面,我们最推荐的方法是,活用模板,多多实操。

在封面尺寸方面,推荐使用比例为 3∶4 的图片,在推荐页面中,这样的图片视觉呈现更合理,同时能够大幅度提升点击量。

在封面关键词信息方面,要遵循以下两种做法。

- 把帖子标题换一个更吸引人的说法并呈现在封面上,给关键词加大加粗。
- 把体现内容要点的关键词呈现在封面上,加大加粗显示。

在封面内容排版上,一般可以这样做。

- 如有人像,将关键词信息放在人像上方,整体占比为 3∶7 左右;也可以将关键词放在人像右方,整体占比为 4∶6 左右。均为人像占比大。
- 如无人像,关键词和要点要占据画面中心,背景图不能喧宾夺主。
- 在封面上加几个当下流行的表情包会很加分。

根据上述规则,我们大概给大家展示两个含有人像的封面设计案例,如图 5-2 所示。

图 5-2

3. 企业要选择懂账号视觉的运营人员

高级的审美能力也许是一种天赋,但后天的锻炼也能有所帮助。企业老板或者业务负责人,也许不需要自己定义账号视觉,选择具有审美能力的运营人员可能更加重要。这里推荐两个选人的方法,能避开一些不必要的麻烦。

- 最好选择传媒、美术设计、新媒体、电子商务等专业的人才,这样的人自大学就接受美学训练,专业技能在线,做小红书账号视觉相对其他人会少走很多弯路。
- 面试时考查求职者的图文作品,对其审美能力形成基本判断;也可以现场要求求职者设计小红书帖子封面,考查其是否具备与小红书平台相匹配的设计感。

06 账号功能：用好每一个不起眼的地方

有一句老话叫"苦练基本功"。只要把基本功练扎实就能产生巨大的价值。运营小红书，同样要苦练基本功。

随机举个例子，对于小红书中的"观众来源分析"这个功能，你知道吗，你能马上找到它吗？我们针对数千名客户做过调查，发现一半以上的人无法在第一时间找到这个功能。这就是所谓的"基本功不牢"。

下面我们就先教大家搞清楚小红书平台的各个功能该如何使用，以及平台为什么要设置这样的功能。这些内容无法覆盖所有功能，但最核心、最利于账号运营的功能，会尽量提到。

首页

首页是进入小红书平台最直观展示给用户的画面，下面将围绕首页中的几个核心模块进行介绍。

1. 发现

"发现"页是小红书最大的流量来源，是小红书算法分发的核心场域。"发现"页中有许多频道，"推荐""视频""直播"排在最前面且不可自定义，其余频道都可以自定义选择、删减，如图 6-1 所示。

图 6-1

因为"发现"页是小红书最大的流量来源,所以在"观众来源分析"里,如果最大的流量来源不是首页推荐(即"发现"页),那么可能是出于以下原因。

- 账号很久没有发内容。

- 账号被限流了。
- 账号的搜索权重比推荐权重高。

一般而言是出于前两种原因，因为在正常情况下，推荐流量均高于搜索流量。

"发现"页不仅承载了推荐流量，我们所关注的账号发布的内容也会在该页面中呈现，系统推荐广告也会在该页面中呈现。帖子发布成功后，如果能够出现在其他账号的"发现"页，说明此帖子进入了平台的推荐池，将得到更多的流量曝光机会。

2. 附近

"附近"页位于"发现"页的右边，一般显示为同城名称。我在长沙，手机授权小红书可以获得位置信息后，"附近"直接显示为"长沙"，如图6-2所示。如果未打开手机定位服务，小红书会根据最近的授权记录来推荐附近的帖子。如果是全新的账号，这里会显示"购物"。

| ◎ | 关注 | 发现 | **长沙** | Q |

图6-2

"附近"页对做同城业务的用户帮助巨大。例如，在长沙做全屋定制业务，发帖时可添加附近地点，此时帖子将有机会登上"附近"页的推荐，很可能会被长沙市内想做全屋定制的用户看到。因此，做同城业务的商户在发帖时要尽可能添加地点，增加自己在"附近"页上的曝光度。

3. 关注

"关注"页是单列呈现的，位于"发现"页的左边，如图 6-3 所示。所有我们关注的账号所发布的帖子会按时间顺序，由近及远呈现在该页面中。当一个账号被限流时，其发布的内容只会在"关注"页中呈现，此时的观众主要来源于"关注"页。

图 6-3

一般来说，小红书作为信息流推荐平台，"关注"页能带来的流量有限。

4. 搜索

"搜索"是小红书的第二大流量来源，也是最具长尾效应的流量来源。"搜索"入口位于首页上方最右边，用放大镜图案标识，如图 6-4 所示。对于某些账号而言，搜索带来的流量甚至会比首页推荐带来的流量更大。

图 6-4

在一二线城市，小红书事实上已经成为排名非常靠前的信息搜索平台，排在它前后的分别是抖音、大众点评和微信。但从信源权威性而言，小红书优于其他平台。所以，去哪儿玩，先搜一

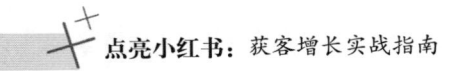

下小红书；穿啥，先搜一下小红书；要考研，先搜一下小红书的前人攻略……

5. 记录我的日常

"记录我的日常"在首页的左上角，点击图标即可进入，如图6-5所示。我们可以在其中发语音、日签、打卡、输入文字、拍摄内容等，其中还会有一些新功能上线，如图6-6所示。

图 6-5

图 6-6

通过"记录我的日常"发布的内容不会出现在帖子列表里，但会出现在"瞬间"列表里。这一功能目前对于小红书运营而言最大的作用就是养号，通过发布日常动态，可以让平台算法相信这个账号是真人账号，而不是营销号。

视频

"视频"是小红书的第二个标签，目前已经呈现在大部分用户的小红书主页上了，如图6-7所示，也有一部分用户的页面上此位置是"购物"标签。

图 6-7

"视频"页不同于"发现"页，其中的内容是单列呈现的。但小红书"视频"页的单列排布又不同于抖音。抖音注重"黄金 5 秒"，会将最能吸引人的内容呈现在视频开头，最大可能地留住正在上划页面的用户；而小红书更重视封面、标题的吸睛程度，用户对内容的宽容度会更高一些。

为什么抖音页面中的视频单列排布，小红书中"发现"页的内容却双列排布，但其"视频"页中的内容又变成单列排布呢？这里分享一个我的一家之言，并不能代表所有人的观点。

小红书早期通过图文起家，对于图文呈现，单列排布的效果并不好，双列排布能呈现更多的信息，方便用户对比选择，因此小红书的最大流量入口——"发现"页始终双列呈现内容。抖音视频单列排布，则是希望用户获得沉浸式的观看体验，更利于投放广告和售卖产品。基于这个原因，小红书的视频也采用了这种方式呈现。

消息

在小红书主页下方，有"消息"标识，如图6-8所示。进入"消息"页，里面将呈现"赞和收藏""新增关注""评论和@"等内容，并显示不同项目的消息数，还会显示群聊信息，如图6-9所示。

图 6-8

图 6-9

- 赞和收藏：显示新增的点赞数和收藏数。
- 新增关注：显示新增的关注者。

- 评论和@：显示新增的用户评论和被@的信息。
- 群聊：分为"群聊广场"和"创建群聊"两个功能区，在"群聊广场"可以根据品类进入小红书群，"创建群聊"则可以自己创建小红书群，进而在群内引导用户进入私域。

"消息"页中还会展示消息通知对话框，进行社区活动通知、举报与投诉进度通知、优惠券通知、站内信息及站内活动通知等。用户的私信也会以列表形式展现在"消息"页中。

"+"

"+"展示在首页下方中心位置，如图6-10所示。

图6-10

这是小红书的"输入框"，也是宏伟内容大厦的根基。点击"+"会进入"发布笔记"页面，如图6-11所示。这个页面看上去复杂，但操作起来很简单。

页面中有一个图片/视频的上传选项，一个标题输入框及正文输入框，还有一个地址组件。在"高级选项"里，我们可以把笔记"关联群聊"，这样能够将观看用户快速转化为群成员，进而引流到私域，实现变现。

在图片/视频的上传选项中，最多可上传18张图片，若上传视频，视频时长需小于15分钟，可以为视频添加一张封面图。标题输入框中最多可输入 20 字，正文不得超过 1000 字。这里有一个问题：小红书笔记为什么要限制字数，正文输入框为何又如此简单呢？

图 6-11

答案很简单，因为小红书很重视UGC（用户创造内容）。如果一个简单的购物体验、生活分享内容，也像知识问答平台上那些回答一般，长篇大论、专业严谨，用户会很疲惫，同时内容生产成本也增加了很多。通过简化输入框，限制正文不得超过1000字，可以有效降低用户的内容生产成本，增加社区内容数量，提升社区内容的真实性。

为笔记添加话题，能够帮助笔记进行内容分发，添加地点则能让同城流量显著增加。前面介绍过，对于做同城业务的商户，这个功能格外重要。

"互动组件"是2023年才增加的新功能，里面可选择"PK组件"或"投票组件"，增加用户浏览每篇笔记的停留时间。当然，这个组件中有可以让人"投机取巧"的地方，我们的客户就通过互动组件，在一次投票中"成功"将老师的手机号码进行了嵌入，达到了引流进入私域的目的，如图6-12所示。但是我相信，平台未来应该会出台各种方案，避免这种引流方式。

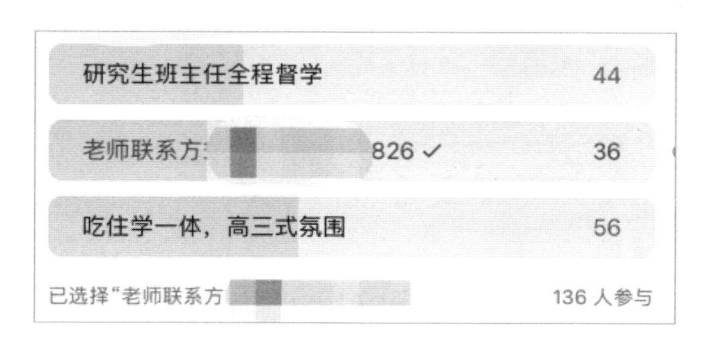

图6-12

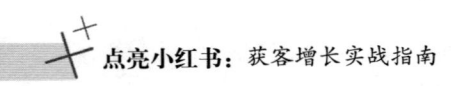

我

"我",顾名思义就是进行个人资料编辑、偏好设置等的选项,其位于首页右下角,如图 6-13 所示。

| 首页 | 视频 | + | 消息 | 我 |

图 6-13

1. 编辑资料

在"编辑资料"页面上可以修改名字、小红书号、简介、性别、生日、职业、地区、学校和背景图,还能修改穿搭信息,展示二维码和账号的成长等级。

名字 7 天可修改 1 次,有时会因为系统升级不能修改。小红书号可以改为微信号,方便引流加微信。简介 7 天可修改 3 次,内容不能超过 100 字,所以可以在简介中介绍业务类型,引导用户关注自己的小号,引流加微信。背景图中可以嵌入个人信息,引流加微信。

此外,小红书有"成长等级",我判断,成长等级会显著影响账号的流量情况。当然,专业号没有成长等级。

2. 设置

在"编辑资料"右侧,有一个齿轮形状的图标,点击该图标即可进入"设置"页面,完成多个项目的设置。

（1）账号与安全

可以在这里修改密码、绑定手机号、进行实名认证和官方认证，还可以绑定微信账号、微博账号、QQ 账号等，以及注销账号。这里需要注意的是，不能反复注销账号并继续使用原有手机号重新注册，当一个账号注销超过 3 次时，该账号关联手机号会被标记，进而被平台限流。

（2）隐私设置

可以在"隐私设置"中开启"一键防护"功能，这个功能主要用于防范创作者被"网暴"，是一个特别人性的功能。"在线状态"也可以设置为关闭，或向特定人群显示在线状态。对于什么样的人可以@自己，给自己评论、发弹幕等，此处均可设置，简单易懂，故这里不详细说明了。

对于小红书运营而言，隐私设置中的"关系"设置很重要，可以"隐藏我的关注列表"和"隐藏我的粉丝列表"，这两项建议开启。原因在于，一旦账号做大，如果粉丝列表暴露，竞品账号可能会通过插件向你的粉丝发送私信，相当于截和你的流量。而关注列表展示了你的关注倾向，甚至是你的矩阵账号，假如同行使坏恶意举报账号，这将会给你带来损失。

此外，对于小红书运营来说，如果想要知道平台最近的流量倾向，最好在"更多"—"个性化选项"下关闭"开启个性化推荐"选项，这样就能看见平台推送较多的帖子，同时能根据这些帖子的内容来判断平台的流量倾向。如果开启个性化推荐，平台只会根据你的个人偏好来推荐内容，可能会让你错过许多当下的热点。

（3）通知设置

如果想做好小红书运营，强烈建议在"通知设置"中打开"接收消息通知"选项，这样平台的任何通知你都能立马收到。通知反映了平台的取向与流量走向，多看通知也能提高自身敏锐度。此外，客户发私信、发评论你也能立刻收到，如果想引流到私域，及时回复别人的私信和评论相当重要。我们之所以主张"5分钟触达"，就是这个原因。

（4）帮助与客服

我们在遇到问题时，要善于使用"帮助与客服"功能。

以常见情况为例，"笔记申诉"是找平台要流量的一项重要功能。假如发现帖子流量不好（浏览量低于100），而自检后并没有发现违规或使用敏感词，此时就可以考虑"笔记申诉"。因为平台审核算法并不是很智能，有可能出现对笔记误判的情况，申诉后会有重新推荐的可能。目前，申诉后一个工作日内就会收到平台的回复，效率较高。

"账号申诉"是获取平台流量的另一项重要功能。假如发现账号发布的所有帖子都流量不好，可以进行账号申诉。这里要注意，先看一下账号的当前状态，并非当前状态"正常"就代表账号没有问题，因为有些问题并不一定会被平台列为"异常"。进行账号申诉能快速判断账号目前的情况，节省运营时间。

"客服与帮助"页面还有很多其他功能，这里不一一介绍了。另外，在"设置"页面，我们还可以进行更为多元的操作，包括"通用设置""深色模式"等，这里不作为重点进行介绍。

3. 创作中心

"创作中心"可通过"我"页面左上角的"三条杠"图标进入,如图 6-14 所示。点击"三条杠"图标,页面左边会出现多个选项,包括"创作中心",以及我们后面要介绍的"发现好友"等,如图 6-15 所示(仅截取了部分页面)。

图 6-14

图 6-15

在创作中心,有一些比较重要的内容模块,下面进行介绍。

(1)近 7 日数据

"近 7 日数据"就是小红书的"数据中心",里面反映了账号近期的数据情况和整体评估情况,如图 6-16 所示。小红书运营者

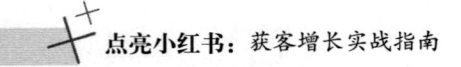

要每天打开，观察和分析数据。我们团队所有的运营人员每天上班的第一件事就是查看这里，分析、拆解账号问题。

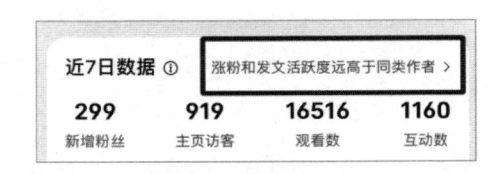

图 6-16

通过"数据中心"可以进入"账号概览"页面，查看账号基础数据，如图 6-17 所示。

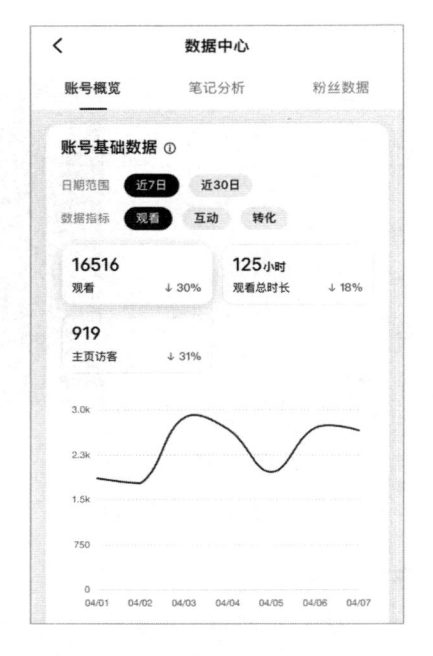

图 6-17

图 6-17 展示了我们团队某账号的数据情况,近 7 日观看数据环比下降 30%,此时需要分析原因:本周没更新?帖子选题不受欢迎?帖子内容包含敏感词?封面不够好看?逐个可能性分析,再对比之前的数据,就能优化接下来的发帖行为。

还可以通过账号的"互动"和"转化"情况来判断账号运营的好坏,其中需要关注以下指标。

- 赞粉比:即点赞数与粉丝数的比值,赞粉比越接近1,说明账号内容越有吸引力。行业一般认为赞粉比大于 8 的帖子为爆款帖,但官方没有给出具体数据。广告主在投放流量时也需要有一定的战略眼光,帖子赞粉比越高,后期曝光量越高,流量采买的成本越低。

- 赞藏比:即点赞数与收藏数的比值。赞藏比小于 1 说明帖子干货多、信息密度大、收藏价值高,如知识类帖子。赞藏比大于 1 说明帖子引发的情绪共鸣大于收藏价值,比如美照类帖子。有一种特殊情况,帖子点赞数、收藏数少,但评论数很多,这说明帖子引发了情绪共鸣,不吐不快、不说不行,这类帖子一般是"吐槽帖"。需要注意,如果帖子的点赞数和收藏数都很高,但是账号不涨粉,说明账号定位出现了问题。

- 互动率:即点赞数、收藏数、评论数之和与浏览量的比值。行业一般认为,一篇优秀的帖子,互动率一般在 5% 以上,互动率越高,帖子获得流量推荐的机会就越大。一般认为互动率超过 15% 的帖子会被不断推荐。

图 6-18 的左右两图分别展示了我们团队某个账号近 30 日的互

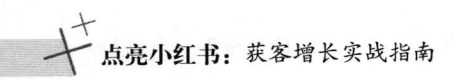

动数据和转化数据，这也是指导账号运营的关键数据。小红书运营者应当时刻关注，做好数据分析。

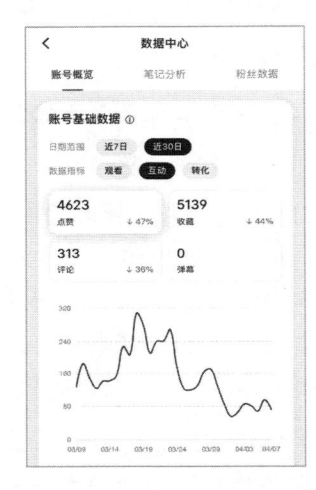

图6-18

回到本篇开头提到的问题，你知道"观众来源分析"在哪里吗？其实就在"数据中心"的"账号概览"下面，如图6-19所示。

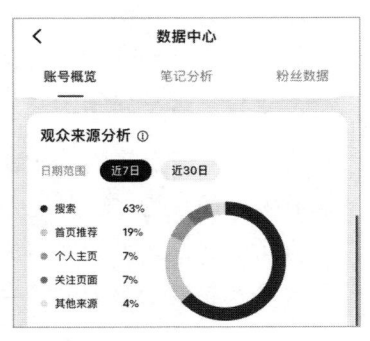

图6-19

图 6-19 展示了我们团队账号的"观众来源分析"数据。

"首页推荐"占观众来源比例越高,证明账号正在被算法推荐,流量接下来会向好。图中近 30 日"首页推荐"数据为 44%,但近 7 日数据仅为 19%,说明推荐权重下降,这时就需要从更新频率、选题、内容、封面设计等诸多方面来分析原因,并做相应优化。

"搜索"占观众来源比例越高,说明账号粉丝越多、权重越高。但在观众来源里,一般占比最高的是"首页推荐",如果"搜索"数据变成第一,除非账号在某领域足够权威,否则还是说明更新频率、选题、内容、封面设计等存在问题。

如果账号没有"首页推荐"这项数据,则证明账号可能被限流,或者最近发布的帖子没被平台收录。如果"首页推荐"和"搜索"两项数据都没有,则证明账号被限流,或者账号刚注册不久。

当用户通过某篇帖子查看账号主页,并查看了该账号的其他帖子时,就会产生"个人主页"数据。该数据越好,说明账号对用户的吸引力越大。

粉丝在自己的"关注"页看到某篇帖子后进行了查看,就会产生"关注页面"数据,该数据越好,说明账号对用户的吸引力越大。

当帖子被转发到站外,并被小红书以外的用户通过链接查看时,便会产生"其他来源"数据。该数据越好,说明账号可被分享的优点越多,账号越权威。

(2)创作学院

在"创作中心"的"创作服务"中,有"创作学院"。如果一个小红书运营者连"创作学院"中的视频都没看过,我会认为他不是一个合格的运营者。"创作学院"提供的官方课程能帮我们建立起关于平台的基础认知。

(3)笔记灵感

将"创作中心"页面向下划,即可看见"笔记灵感"模块。在小红书,不管是参加官方活动,还是通过引用其他笔记灵感,都能不同程度地获得官方的流量奖励。假如想要获取平台流量,最有效的方法就是发布笔记时带上平台"笔记灵感"中的标题。

4. 发现好友

"发现好友"的位置前面已经提过,这是一个非常重要的功能。

首先,这个功能可以提升账号权重。我们授权平台打开通信录时,会在一定程度上提升账号权重。因为只有真实用户的手机通信录里才会"躺"着很多好友。

其次,这个功能可以帮助账号被精准客户看到。比如,我们正在做某个业务,通信录中存了一定数量业务客户的电话号码,这时账号被推荐给通信录好友,由于这些人本身就是我们的客户,自然更容易对我们发布的内容感兴趣,进而能帮助账号打上精准客群标签。"同类相吸",客户及其身边的朋友可能关注相同的业务,这样我们便可以通过共同好友,触达更多客户。

当然,不是说保存越多客户电话就越好,因为平台也会严控这种类似作弊的行为,客户数保持在 100 以内为好。

07 账号内容：如何生产算法喜欢的内容

小红书的流量分发逻辑

互联网上广为流传的"小红书的流量分发逻辑"如图 7-1 所示。

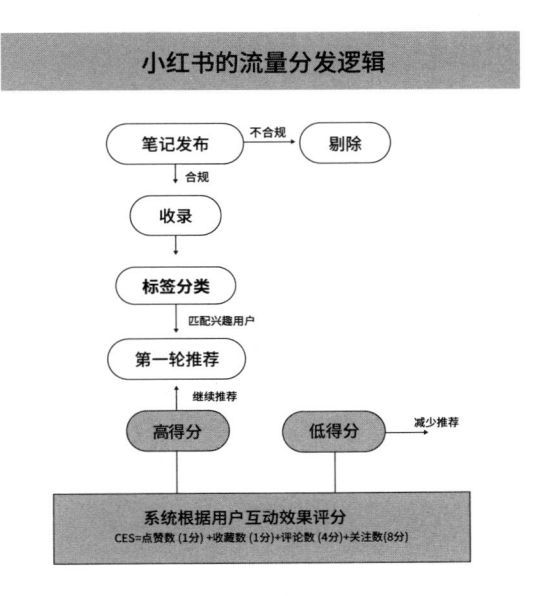

图 7-1

流量分发在本质上符合黑箱理论，我们可以在不断试错后总结出规律，图 7-1 大致总结了小红书的流量分发逻辑，即使官方没有认可，但这的确是我们目前所能了解到的、较为接近实际的对

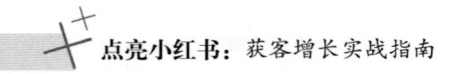

流量分发逻辑的总结。

需要说明的是，平台通常不会公布具体的流量分发逻辑，一旦如此，就会增加投机分子打擦边球的可能性。

基于图 7-1 的逻辑，我们在发布笔记时，首先要关注内容是否合规，内容合规的笔记才能被收录；其次要关注账号的标签分类，只有匹配兴趣用户，才会被平台进行第一轮推荐；还要关注 CES，CES 得分高将获得继续推荐，CES 得分低则平台减少推荐。行业内一般认为，CES=点赞数（1 分）+收藏数（1 分）+评论数（4 分）+关注数（8 分）。

2023 年，小红书 WILL 商业大会也从官方角度佐证了 CES 的真实性，但对于 CES 的构成，点赞数是一个不太重要的因素。在这次大会上，小红书官方提出了"种草值"的概念，其中涉及"深度阅读""深度互动"等关键点，对此官方给出了以下解释。

- 深度阅读是指，图文阅读时长>10 秒，视频观看时长>30 秒，或视频达到完播。
- 深度互动是指，产生收藏、搜索、发表求购评论、分享，以及截图、保存图片等行为，点赞不算在内。

成为爆款的 6 个前提条件

1. 账号权重要高，养号很重要

如果账号权重不高，可能无法走到帖子被收录这一步，因为平台会判定账号为风险账号。这就是我们一再强调养号的原因。

在前面的内容中，我们已经强调过养号的重要性，具体的养号步骤不再赘述。"不唯上,不唯书,只唯实",这很重要。

2. 账号视觉要符合受众审美,封面很重要

我们在第05篇文章中提过:在小红书,"丑"是原罪。小红书"推荐"页的双列排布使得最先映入眼帘的不是标题,不是正文,而是封面,因此要格外重视封面的美学打造。

3. 帖子内容要合规

每一个做小红书运营的人,都应该逐字逐句地仔细阅读《小红书社区公约》和《小红书社区规范》。这是小红书社区的基石,是小红书能成功走到今天的规则保障。

小红书中有12%的海外用户,基本上都是华人。《小红书社区规范》强调,小红书对于社区内违反法律法规、危害国家及社会安全的行为,将采取最严格的管理办法,予以杜绝。即便是海外华人,在小红书上发帖时也不能违反法律法规。

《小红书社区公约》强调,非原创、广告、炫富、未经科学证实、过度修饰、过度裸露和性暗示、冒充他人、发布煽动性话语、夸张猎奇、轻易给人医疗和建议、不尊重他人的内容都是违反平台公约的。

比如,明目张胆抄袭他人而来的帖子,属于"非原创"内容,自然不会被平台收录和推荐。

4. 帖子必须被收录

小红书中的帖子能否被收录,主要看以下3点。

- 内容原创度：原创度不够的帖子不会被收录。
- 标题、正文、话题里面的关键词：没有关键词的帖子不容易被收录，所以要尽可能地把关键词凸显出来。
- 不合规的帖子不会被收录。

小红书目前有两种收录方式：关键词收录和话题收录。那么该如何判断帖子是否被平台收录了呢？通常有以下两种方式。

- 搜索帖子的完整标题，如果能搜到，表示帖子被收录。这种收录方式属于"关键词收录"。
- 点开帖子的关联话题，如果帖子在关联话题的"最新"或"最热"列表里面，表示帖子已经被收录。这种收录方式属于"话题收录"。

一般来说，发帖后 10~20 分钟即可看出帖子是否被收录。如果没被收录，我们就要细心对照上面介绍的 3 个收录要点，做出相应的优化。

5. 账号不能被限流

账号如果被限流，帖子就不会被推荐。大体来说，账号被限流有以下 4 个原因。

- 养号不够，账号权重低。很多学员不理解，为什么相同的内容，不同账号发出去，数据表现却相差甚远？其实是账号权重不同的缘故，账号权重低，发帖甚至有被平台封控的可能。
- 内容中有敏感词。要想避免敏感词，发帖前可以先把帖子放到"句易网"做一个初筛。但平台规则一直在变，有时只能依靠对平台审核尺度有"感觉"的资深运营人员来判断内容是否存在风险。

- 内容雷同，存在抄袭嫌疑。
- 发布社区违禁内容，比如借贷信息、投资理财产品信息，大家要熟悉社区规范和社区公约。

那我们怎么能知道账号是否被限流了呢？有以下 3 种方法。

- 官方通过站内消息告知，但原因一般比较模糊。不过，官方有时也会出现审核失误的情况，如果确认帖子没有违规，则可以进行申诉。
- 通过"观众来源分析"获知，如果账号没有"首页推荐"和"搜索"数据，则证明账号被限流。
- 浏览量永远为 1 或其他个位数。因为，即便数据再不好，也不至于浏览量这么低，此时大概率是账号被限流。

6. 不要让账号在发帖期间的权重过低

按照养号流程执行后，若发帖时发现浏览量还是小于 100，那么基本能断定账号权重过低。此时发布的内容不容易成为爆款。

要想解决这个问题，需要提升权重。就像前面介绍的，利用"干货帖"和"互动帖"提升账号整体权重，先不追求爆款，只为提高浏览量。具体做法可以参考第 02 篇文章。

如何做小红书爆款

要想在小红书平台做出爆款内容，要遵循以下逻辑。

1. 有的放矢追热点

我们团队一直倡导：在政治正确的前提下，要尽量去追热点。追随热点的目的是帮助业务获得流量，但要有的放矢，追随某些与业务完全无关的热点，属于无效操作。

有热点就有流量，我们可以在微博的前50条热搜里找到相应的热点话题和品类，但操作时要注意：多追正面热点，少追负面热点，不碰政治热点。如果没有"妙手回春"的本事或丰富的公关经验，不建议发布与负面热点相关的话题，以免引起社会舆论。

任何一个行业都有行业性热点，这一点也要格外留意。这里举两个例子。

我刚创业时做的是公务员考试培训。国家公务员考试（简称"国考"）一般在每年9月发布公告，11月考试。所以在9月，所有考生都在关注公告，查询招考信息。如果抓住这个时期，就等于抓住了流量密码。我每年都会在国考公告发布后马上去知乎提问，例如"如何看待20××年的国考公告"，接着把已经准备好的攻略回答发布上去，最后邀请全站人回答。由于这个话题的关注度较高，因此会被推送转发到各个平台。只要我是第一批问答者，就能获得第一波流量。由于我的回答攻略性强，即便后来出现了更好的回答，平台流量依旧会倾向于我。我每年都会做这件事，它能带来超过2万条精准客资线索。

再比如，每年招聘季，毕业生正处于迷茫时期，如果这时，我以一个二本院校毕业生、互联网大厂前员工的身份拍一个"二本院校学生怎么进大厂"的优质视频，平台将在很大程度上为我推送流量，毕竟这是许多求职者最想了解的内容。

那具体怎么追热点呢？我们总结了5个技巧。

技巧1：常备热点工具与营销日历。除了查看微博热搜，还可以关注考拉新媒体导航、今日热榜等热点工具。每个小红书运营者都应该常备营销日历，每个新媒体运营公司也都应该有属于自己的营销日历。我们团队用飞书制作的营销日历大致如图 7-2 所示，里面会标注各类关键时间节点。

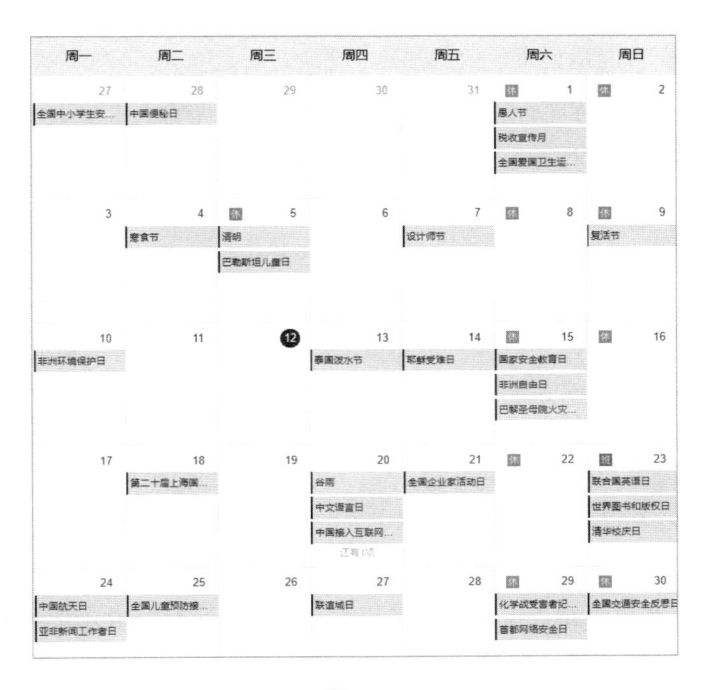

图 7-2

技巧 2：追临时性热点讲究快，追季节性热点讲究稳。每过一段时间都会出现一些临时性热点，此时我们应该尽快抓住，及早呈现。同样在小红书，当我们在搜索栏追到了一个合适的热点时，应该及时结合业务跟随此热点发帖。对于季节性热点，比如"端午""中秋"等节日，我们已经知道这是一个必然性事件，那就必须提前准备好封面和文案，等节日到来时，配合热点内容大规模发布并推广。

技巧 3：围绕核心业务追热点，不追无效热点。追热点的目的是为业务提供更大的流量。所以，不要追与业务无关的无效热点。比如，做中医养生品类没必要追娱乐八卦热点，对于客户来说，"食疗"可能是更有价值的热点话题。

技巧 4：在小红书追热点要注重女性用户的感受。小红书社区的女性用户占比超过 70%，因此在制造话题、编辑图文时，要尽可能考虑女性用户的感受与需求，避免引起不必要的争议。

技巧 5：热点还包括热门词汇，这是小红书不同于其他平台的地方。只要加上热门词汇，就会有较好的流量曝光。这些词汇常见但不限于，不允许你还不知道、大数据请把我推给、必须安利、一整个高级住了、吐血整理、赞爆了、回购一辈子、我赌你一定、吹爆……

2. 火过的内容还会再火

我一直认同"人类的本质是复读机"这个观点。用户喜欢的内容会不可避免地重复。两千多年前的《诗经》，其中的"窈窕淑女，君子好逑"在今天依然能让人产生共鸣。

换个角度说会更容易理解，时间是一定的，人类关注的通用性话题也是一定的，话题有限，那么很多话题必定会经久不衰，火过的内容还会再火。因此，我们可以在之前的爆款上做文章。

同平台的内容，火了以后还能再火。比如下面这个案例，图7-3 中左图来自我的合作伙伴@柳同学的运营笔记，右图来自我的团队。选题都是围绕引流吸粉的，我们团队在借鉴了柳同学以往的爆款内容后，经过加工处理，将内容整理成思维导图，就变成了一篇新的原创内容，并且同样获得了很好的流量。

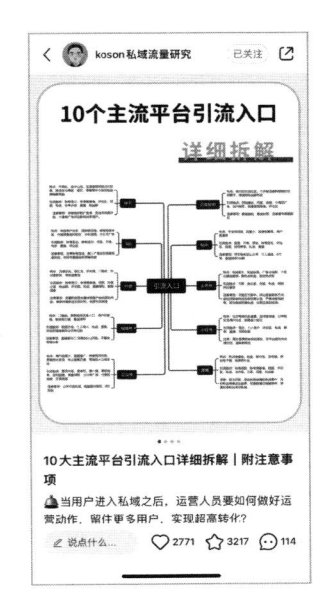

图 7-3

跨平台的内容，火了之后也能再火。比如，我们团队初期做账号时，经常是把我的公众号文章拆解成思维导图，作为小红书的帖子封面，再把文章内容进行修改，做成小红书的帖子文案。就这样，我们团队的账号慢慢在小红书知识类目火起来。我的公众号文章原本只能覆盖 10 万名读者，由于在小红书做了一次内容处理和呈现，又获得了 20 多万的浏览量，使得在小红书平台火起来的内容在微信公众号平台"翻红"。

跨形式的内容，火了之后还能再火。比如，我们团队也会把我上播客采访的内容做成思维导图，放到小红书平台再做一次传播。内容的内核并没有改变，但由于呈现形式、传播渠道发生了改变，内容得以被更多人看到。

因此，我们可以找到在市场中被验证过的选题，去借鉴、模仿、升级，将这些内容转化为我们自己的内容。如果能批量性找到，就能批量性地生产内容。我们团队找选题的方法如下。

- 在各个平台搜索品类关键词，把前 100 名的选题提取出来。
- 优先选择近 30 天的火爆选题，如果没有，就把范围扩大到 60 天、90 天，甚至 180 天。
- 借鉴这些选题，模仿升级。小红书用户甚至会在知乎、B 站、抖音上模仿选题。
- 火过的视频可以变成文字，火过的音频可以变成视频。

当然，不是说这么做百分之百就能成功。因为一个账号能够做成，除了与选题有关，还与养号、封面、内容、账号权重等有关。只不过，火过的内容已经被市场验证过，可以帮助我们少走些弯路。用这种方法，再以多账号辅助，别人 3 个月才能达到的效果，你可能一个星期就能达成。

3. 故事永远有人听

伟大的企业都有经典的故事。江南春说：最大的红利，是人心红利。下面我分享 3 个经典的故事。

第 1 个故事：刘强东读大学时，因为家里太穷，亲戚和村民给他凑了 500 元钱和 76 个茶叶蛋。这是京东刘强东的故事。

第 2 个故事：24 个人去应聘肯德基服务员，只有 1 个人被淘汰，那个人就是马云。这是阿里巴巴马云的故事。马云用这个故事来说明自己的相貌有多丑，看客信不信其实不重要，这个故事已经在人们心目中留下了印象。

第 3 个故事：马斯克创立了 PayPal、SpaceX 等公司，并投资了特斯拉，不仅大大降低了电动汽车的价格，同时加快了人类进入民用航空时代的进程。大家一听到他的故事，就会觉得振奋人心。特斯拉一直说自己没有公关部门，因为不需要，马斯克的任何动作，人们都会关注。

为什么讲这 3 个故事呢？因为故事永远有人听。做小红书，同样要学会讲故事。

我有很多设计师学员，在这个品类做得好的学员会置顶一个自我介绍的帖子，帖子内容大概包括身份介绍、成为设计师的心路历程、设计理念等，其间不断穿插故事，吸引客户。这种设定几乎已经成为该品类在小红书平台的标配。

我还有很多做副业培训的学员，比如开淘宝店的、做高定女装的，这个品类的通用打法是，从晒[①]成单业绩到讲述自己通过副

---

① 网络用语，来自英文单词 share，指分享、炫耀。

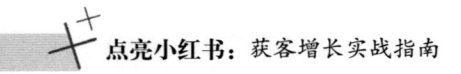

业做到经济独立的故事。

做什么样的项目,就讲什么样的故事,用户会更容易产生代入感。逻辑性的内容会因为个体理解力的差异而导致一定的认知偏差,但故事是刻在人基因里的东西,通俗易懂。

4. 大力出奇迹

我们追热点、模仿火过的内容、讲故事,都有一个前提,就是"大力出奇迹"。由于账号权重天然有高低之分,我们并不能准确判断算法喜欢哪个账号,因此,为了对冲风险,一定要多铺账号,做账号矩阵。

如果是商业公司,建议至少准备 5 个账号;如果是个人,也得准备两三个账号,这样起号的概率才大。当然,不是说单个账号就一定不能成功,只是成功的概率不大。所以,我们强调多账号、矩阵式起跑。

一定要注意,不能一味地追求粉丝量,"大号"是可遇不可求的。要用第一性原理,回归做小红书的本心。如果最终是为了获客变现,那么我们需要追求精准客户。拥有精准客户群,转化率是极高的。

此外,做"大号"、创造 100 分的内容,需要看天分,这对内容的把控能力要求极高,大部分人都不具备这个能力。不奢求一篇文章或一条视频就能获得 100 万的浏览量,但可以矩阵化运营,用 100 个账号发布 100 篇浏览量破万的内容,同样能有 100 万的浏览量。这就是所谓的矩阵化思维,也是比较实际的操作方式。

有人会拿百万粉丝的优秀案例来做分享,告诉他们"你也可以做到"。但实际上,做到这种程度的概率可能比中彩票还小。我更想做的是,让普通人更容易运营小红书,而不是让他们就地等待那万分之一的运气降临。

迎合算法,还是坚持自我

这是本篇最后讨论的严肃话题。迎合算法是指,按照平台算法的喜好去生产内容以获得平台的流量加持,有时这些内容可能并非出于你的本意。而坚持自我则是指,完全按照自己的喜好生产内容。对此,我的看法如下。

如果做小红书的目的是获客,是获得经济利益,那请接受平台算法和游戏规则。因为算法没有价值判断,它背后的东西是"人性"。顺着人性做生意,这是商业世界的基本准则。我曾经是一个"文艺青年",如今也会毫不犹豫地去迎合算法。

如果做小红书的目的纯粹是取悦自己,那可以坚持自我。但此时也要接受数据差、变现慢的结果。在一个可以公开阅读的平台上发帖子,首先要表达自我,并有知音共赏。因此在表达方式上尽可能通俗易懂,还要不断分析受众的喜好。如果说在小红书平台发帖毫不在意,只想单纯取悦自己,那还不如写日记。

08 账号"避坑":小红书的违规限流预防

在小红书中,发一篇帖子需要花费不少心思,但如果一不小心掉入违规的坑里,那就非常得不偿失了。因此,在运营账号之前,要知晓小红书平台的规则,避免因违规而被限流,这能节省时间成本,提高产出效率。

账号设置违规

账号设置违规通常是指个人信息、背景图等基本设置不符合平台要求。

1. 昵称、头像、简介设置违规

昵称、头像、简介设置有三不要求:不能涉政治、不能涉黄、不能涉微信号。

不能涉政治,主要是指不能传递错误的政治导向。前面提到,《小红书社区规范》明确规定,要"遵守宪法和法律法规,践行社会主义核心价值观",这是底线。小红书平台并未刻意区分App版本,因此,占小红书用户总数12%的海外用户,也要遵守《小红书社区规范》,不能发表不适当的言论。

关于涉黄,这里用一个做健身业务的客户案例来说明。她将自己的头像设置为穿着十分清凉的本人全身健身照,结果导致账

号被判定为涉黄违规。我们建议头像要展示出积极健康的一面，即便是健身这种特殊品类，也不要露出下半身，避免账号被判定为涉黄，从而影响账号权重。

关于涉微信号，这种违规经常发生。我们有一些客户视平台规则为无物，直接把小红书头像换成微信号二维码，这是不符合规范的，想通过这种非正规的方式来引流并不现实。平台审核机制已经较为完善，毕竟每天要处理数不胜数的异常情况。

随着小红书社区规则的完善，平台流量逐渐形成闭环，简介里尽量避免填写邮箱或其他联系方式，但可以@小号，用小号置顶一篇帖子，在帖子中给出联系方式，这种操作目前是被允许的。当然，这种内含微信号的帖子是不会被平台推荐的。

2. 背景图设置违规

可以将小红书背景图设置为自己其他平台账号的主页图，如微博、抖音的个人主页图，便于各个平台互相导流。但建议不要将小红书背景图设置为微信号截图，因为微信号在小红书平台会被严格检测，很容易被判定为违规。

3. 小红书号设置违规

小红书号可以设置为微信号，不过具有一定的风险，我们不建议一开始就这样设置，在账号注册一周后可以进行更改，做这样的更改要遵循养号规律，尽可能模拟真人账号，因为一般的真人用户不会一上来就设置小红书号。

其实光靠小红书号引流，效率是极低的，因为用户不一定知道小红书号对应的是微信号,所以仍需配合其他话术和引流技巧,才能达到较好的引流效果。

评论、私信违规

评论中不能出现"私信""私我""联系我""我电话号是""我微信号是"等敏感词。平台一般不会展示这样的评论。很多人回复后发现消息石沉大海,殊不知客户端其实根本没收到。遇到这种情况,可以用另外一个账号查看你的回复是否成功显示,如果没有显示,就需要再次优化评论话术,直到评论既能被他人"看懂",又能在小红书评论区展示。

评论区和私信中不能直接出现其他渠道链接,如淘宝、天猫的链接,这些内容同样不会被展示出来。

在私信或评论区,高频发布相同的文字、图片、表情,也容易被判定为违规。在私信中高频地向已关注用户发送消息,也有被判定为违规的风险。

不能在评论区攻击他人,这种评论被举报的可能性极大。除此之外,小红书的评论区若出现站外导流内容、违法违规内容、色情低俗内容、低差广告、虚假不实内容、不友善引战内容、时政不实消息、诱导关注点赞内容、笔记不相关内容、疑似自残自杀内容等,也会被举报。

最后,私信、评论违规后会引入人工审查。因为平台的审核机制是算法优先的,当算法无法判定时,人工客服会介入,进行二次审核,如果人工客服发现该账号确有引流或其他违规行为存在，则会对账号进行限流，严重时做封号处理。

笔记违规

笔记里若含有敏感词、广告词、营销词，则容易被判定为违规。前面提到，可以用"句易网"做初筛，要做到避免大多数异常情况，则需要对平台有深刻的理解。使用得越多，越了解平台的规则。我们为学员审核作业时，发现经过初筛的文案有时仍无法通过平台审核，想要改善类似情况，只能不断实战，提高对平台规则的敏感度。无他，唯手熟尔。

还有一种情况是图文、视频的原创度不高，被判定为违规。直接搬运他人的图片和文案且不做修改（或仅做少量修改），这种情况自然会被判定为抄袭违规。当然，由于现阶段平台的查重机制不够完善，导致某些纯粹的搬运账号也获得了一定的流量，这会让部分用户走入"可以抄袭"的误区。但这种行为一旦被举报，被判定为违规的概率是极大的。

账号刚注册就开始发引流帖，容易被判定为违规。账号刚注册时，要注重养号，过几天再发帖。这一点我们在前面已经强调了多次。我们要站在平台的角度，看平台需要什么：一是需要用户活跃度，二是需要用户提供价值。否则，对平台而言，没有任何增量。提供价值的方式是为平台创作优秀的内容，内容创作得多，再想获得免费流量，平台也许就会睁一只眼闭一只眼了。这是一种"无声的交换"。

刷粉和多账号切换违规

很多学员会问，需不需要刷粉丝量？一般有投薯条广告的需求，或甲方对粉丝量有具体的要求时，很多人会这样做。但实际不然，我们并不需要过多关注粉丝量，小红书是信息流平台，只要内容足够优质，涨粉速度是很惊人的。而且，刷数据是一个具有风险的行为，也极有可能降低账号权重。

此外，同一台手机切换账号过于频繁，也有违规的风险。在运营小红书时，一定要经常把自己代入普通用户，普通用户会这么频繁切号吗？如果不会，那我们也不要这样操作。

一般来说，要秉持"一卡一机一号"的原则。一卡指一张手机卡，一机指一台手机，一号指对应一个小红书账号。

第三部分 进阶篇

6套实战玩法,打造高变现账号

这部分将教大家如何利用账号变现,主要涉及以下知识点。

- 关键词
- 爆文
- 矩阵
- 引流
- 投流
- 变现

09 关键词：选词做得好，流量少不了

为什么要重视关键词

小红书的定位及积淀，决定了其"中文百科全书"的调性，而且这本百科全书是动态更新的，是由所有用户共创的。

根据 2023 年小红书 WILL 商业大会的数据，平台用户日均搜索占比 60%，日均搜索次数接近 3 亿。**搜索已经成为小红书的第二大流量来源**。因此，懂得怎么做关键词优化，吸引小红书搜索的精准流量，已成为重中之重。同时，小红书的消费主义社区性质决定了它离钱足够近，搜索行为也就很容易变现。因为用户关心的消费类产品，都得花钱才能获得。通过搜索获取的流量，有以下两个特征。

1. 持续

针对某一话题或帖子，小红书的首页"推荐"一般持续一周左右，有些会短一点，有些则会更长。但只要账号权重不错，帖子质量较高，平台就会持续赋予"搜索"流量，例如我们团队有些权威性账号，搜索流量常年高于推荐流量。

2. 精准

搜索相比推荐要精准一些，而且需求的急迫程度更高。因为

推荐流量是根据用户的兴趣爱好、行为特征分发的，可能受众只想看看，需求并不急迫。但发生搜索行为时，用户心里已经预设了一个需求，如对培训有需求、对保险有需求、对健身有需求等，用户是带着目的去搜索的，自然更精准和急迫。

怎么选关键词

关键词的选择很重要，这里我们将介绍如何选择关键词。

1. 使用聚光平台"关键词规划工具"

聚光平台是小红书专属的一站式广告投放平台，"关键词规划工具"是帮助选择关键词的一个重要渠道，如图9-1所示。

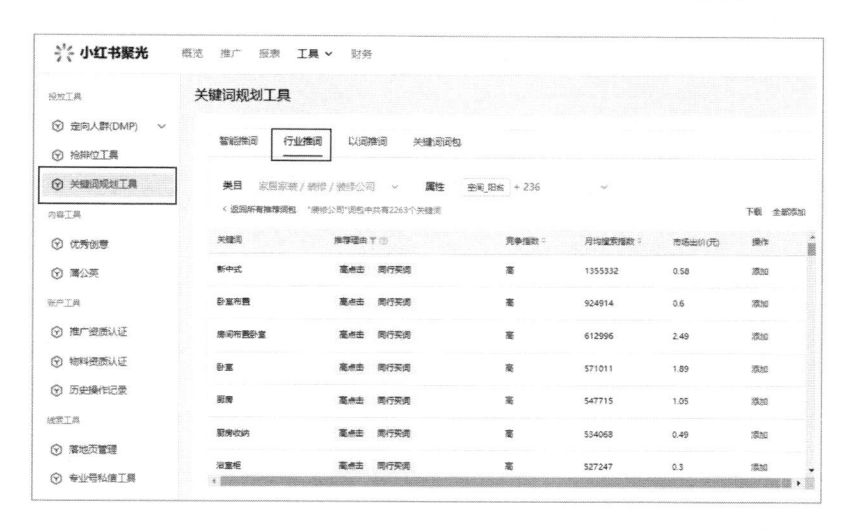

图9-1

通过"行业推词",我们不仅可以看到关键词的月均搜索指数,还能看到市场出价。比如,图 9-1 中"新中式"的月均搜索指数是 1355332,市场出价是 0.58 元/单次点击。同行买词越多,客户点击量越高,关键词的竞争指数也越高。因此,若想做家居家装品类,选择"新中式"这个关键词,帖子就能展示在更多人面前。但也需要注意,选择这样的关键词,同行竞争相对会更激烈。

如图 9-2 所示,通过"以词推词",我们可以看到蓝海词(流量大但目前竞争不激烈的关键词)和黑马词(流量呈显著上升趋势的关键词),布局这些关键词,就能抢到流量红利。比如,通过搜索"雅思",可以看到平台推荐关键词,去寻找那些点击量高但同行购买比较少的词,就能找到流量成本洼地;主推这些关键词,就可以提升账号权重,甚至引流精准客户。

图 9-2

2. 巧用搜索框、标签栏、"大家都在搜"

在小红书搜索框输入关键词，下方会出现很多关联词。比如搜"全屋定制"，如图9-3所示，下面会出现"全屋定制板材如何选择""全屋定制柜子"等关联词。这是平台根据搜索品类、用户的行为路径及行为偏好综合呈现的关联词看板。这些关联词，按照先后顺序，都可以成为我们的备选关键词。

图 9-3

在搜索落地页，如果品类较大，平台会在顶部标签栏给出关联词，这也是根据搜索品类、用户的行为路径及行为偏好推算出的，呈现方式千人千面。比如，搜索"全屋定制"，今天关联的

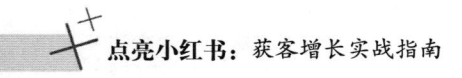

是佛山、极简、高级等词语（见图9-4），明天就不一定是这些了；别人搜索"全屋定制"出来的关联词也不一样。但关联词整体代表了平台的流量倾向，选用这些词，打造出爆款的概率更大。

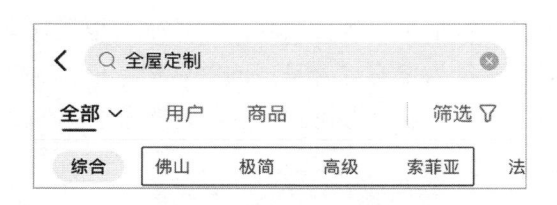

图 9-4

此外，在搜索落地页向下划会出现"大家都在搜"模块，如图 9-5 所示。这也是小红书根据用户行为路径和偏好得出来的关联搜索页面，其中的呈现也是千人千面的，但大致代表了小红书用户的搜索趋势，所以选用里面的词也能显著增加流量。

图 9-5

3. 关注千瓜数据

前面介绍过，千瓜能提供互联网行业数据，是专业的小红书数据分析工具。

我经常用千瓜来做账号数据分析，当然也会通过千瓜选定关键词。登录千瓜（使用高级功能需要付费），按照"小红书运营"—"热搜词搜索"路径进入"搜关键词"页面，输入关键词，可得到该词的热度值和相关笔记数，千瓜还会给出包含搜索词的"相关热搜词"。还以"全屋定制"为例，如图 9-6 所示。

千瓜中没有"黑马词"的概念，但可以将热度值与相关笔记数的比值作为"黑马系数"，黑马系数越大，选择这个词打造爆款的机会就越大。

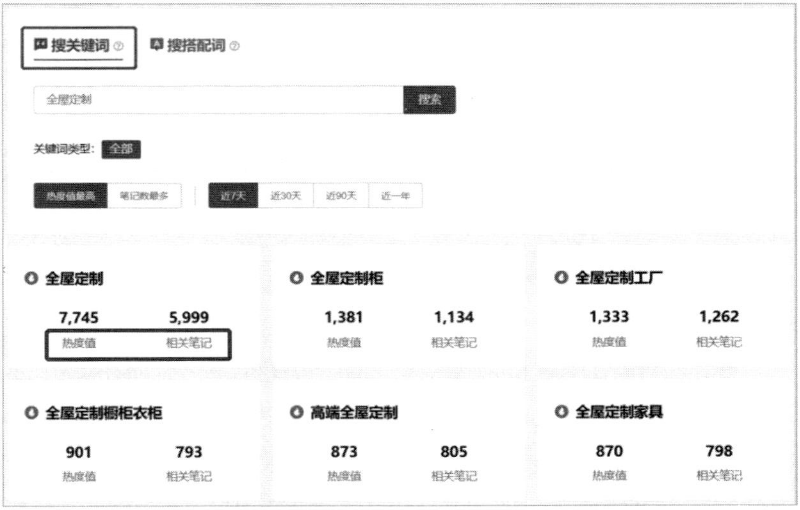

图 9-6

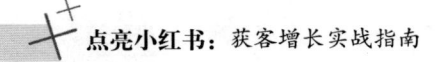

此外，通过"搜搭配词"，千瓜会告诉我们搜索词与搭配词的搭配出现比例，数值越高，说明这两个词的关联性越大，把这两个词放在同一篇笔记的标题或标签中，效果越好。比如我们可以查看"全屋定制"与"装修"的搭配效果，如图9-7所示。

图 9-7

4. 通过 5118 挖掘

5118 是一个网站，是新媒体从业者的内容营销利器。我们团队，包括我本人，都经常用 5118 来查看流量情况。

登录 5118 官网，单击导航栏中的"流量词库"，再选择"小红书关键词挖掘"，如图 9-8 所示。举例来说，在"小红书长尾词挖掘"页面搜索"全屋定制"，根据笔记数能知道这个词的热门程度和竞争激烈程度，如图 9-9 所示。一般来说，一个词的笔记数越大，说明它越受欢迎，但也说明使用该词的竞争越激烈。

图 9-8

图 9-9

根据 5118 给出的小红书长尾词，我们也能发现一些黑马词。比如"全屋定制加盟哪个品牌好"，这在小红书中没有笔记，但这个词条在 5118 上的移动流量指数很高。作为有意发展加盟商的全屋定制品牌，就可以布局这个词，找到精准加盟商，而且几乎没有竞争对手。

说一个特殊案例，"欧派全屋定制"是最近流量很大的一个词，但在本书写作之时，该词在小红书中几乎没有相关笔记。原因是欧派和网红"疯狂小杨哥"做了联合推广，影响了其在 5118 的流量指数，笔记数处没有数据，如图 9-10 所示。

图 9-10

如图 9-11 所示，在 5118 导航栏中选择"引流"，依次选择"小红书""小红书下拉词深度挖掘",可更直观地看到用户的需求。

图 9-11

还以"全屋定制"为例,我们可以在"第一层下拉词"中看到关于"全屋定制安装过程""全屋定制案例"等下拉词展示,如图 9-12 所示。发帖时可以利用这些内容,这样在用户搜索关键词并查看下拉词帖子时,我们的帖子就会有更高的曝光量。

图 9-12

再深一点,我们在"第二层下拉词""第三层下拉词"还能挖掘到更细致的用户需求,比如"全屋定制板材如何选择 pet""全屋定制板材如何选择价格区别"等,如图 9-13 所示。

图 9-13

借助层层递进的下拉词，我们可以获取用户的真实想法和需求，再从这千百种需求里提炼出适合自己产品的推广话术。

5. 在评论区挖掘

评论区内容不仅可以增加互动、提高 CES 得分、增加曝光量，还能反映用户需求，且这些需求大部分真实有效。比如，某个客户是做企业团建的，客户会在评论区里问"北京时间 11 人，6000 预算，够吗？"，如图 9-14 所示。

图 9-14

这些提问都反映了客户的真实需求。基于此,我们可以把帖子发得再垂直一些。下面是我罗列的帖子主题。

- 20 人以内的公司团建,多少预算合适?
- 40~50 人的公司团建,选择什么项目合适?
- 70 人的团队春季团建,活动项目汇总!

根据这些主题来发布帖子,就能获得很精准的客户资源。通过在评论区挖掘关键词,根据关键词构建用户需求,从而生产帖子,就有可能产生爆款。

选好关键词后怎么用

通过上面介绍的几种方法选择好关键词后,我们要将这些关键词用到帖子中,才能实现真正的获客和转化。那么,关键词应该怎么用呢?这里给大家介绍几种方法。

1. 搭建个性化 IP,吸引精准客户

在小红书中完成养号后,可以通过"地名+行业+昵称"来搭建个性化 IP。比如,关键词是"长沙装修",那么你可以将小红书昵称取为"长沙装修老胡""老赵长沙装修团队"等。

只要账号近期粉丝增长稳定,账号互动数据也不错,你的信息便有可能在搜索用户栏中排在前列,这样能提高账号曝光量,如图 9-15 所示。

6套实战玩法，打造高变现账号　**进阶篇**

```
┌─────────────────────────────────────┐
│  ←   Q 长沙装修                  ⊗  │
│                                     │
│  全部 ∨   用户   商品               │
│                                     │
│   ⬤   大可装修设计（长沙）          │
│       小红书号：wangdakeshi         │
│       粉丝·25.2万 | 4天前更新    关注│
│                                     │
│   ⬤   长沙装修木工✓小虎刘师傅       │
│       小红书号：973034801           │
│       粉丝·556 | 9天前更新       关注│
│                                     │
│   ⬤   长沙鹤立装修团队              │
│       小红书号：zszz1110            │
│       粉丝·3.5万 | 1天前更新     关注│
│                                     │
│   ⬤   长沙装修刘伟                  │
│       小红书号：916638045           │
│       粉丝·221 | 4天前更新       关注│
└─────────────────────────────────────┘
```

图 9-15

2. 将关键词嵌入封面、标题、正文、话题等

封面、标题、正文、话题是小红书账号的 4 要素。如果选定了一个关键词，要尽可能地把关键词内嵌到这 4 个要素里面，这样能显著提升账号的流量。

比如，我在 2022 年年初与团队商议，将主要服务客群确定为企业主和企业业务负责人，而我们团队的战略就是帮他们解决流量问题。因此在获客层面，我们的布局便是把小红书"引流"这个关键词吃透。

如图 9-16 所示，我们发布的帖子的封面、标题、正文、话题中都包含关键词"引流"（截图中未显示话题），如此一来，帖子的曝光效果就会更好，账号流量也会得到提升。

89

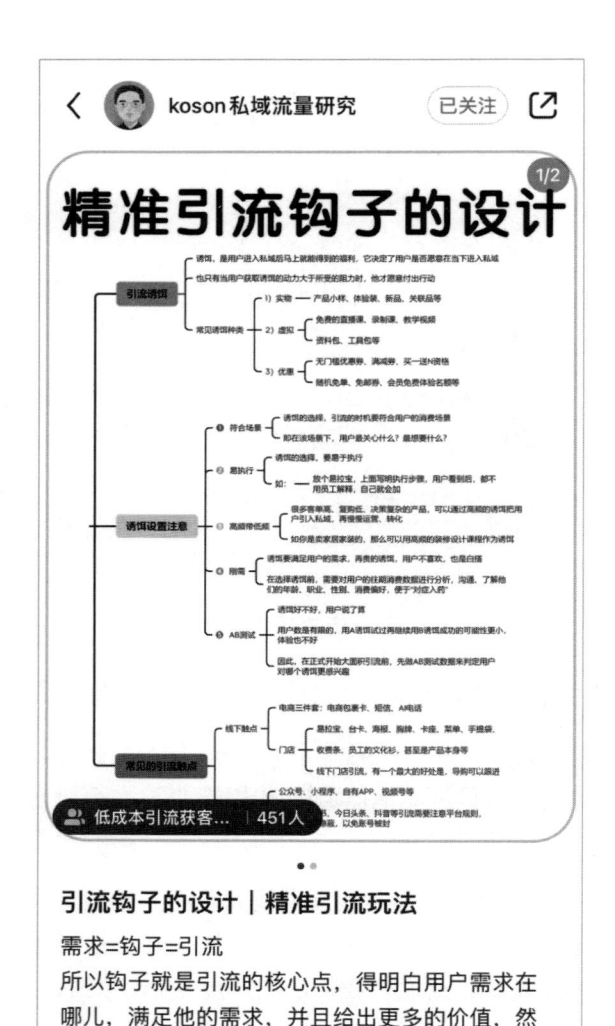

图 9-16

当然，不一定非要把关键词嵌满 4 要素，而是要在不违背帖子原意的情况下，尽可能多地嵌入。下面是我总结的规律。

- 封面上一定要有关键词。封面上的文字，小红书推荐系统是能识别的，识别到关键词之后，根据 CES 算法会将帖子归类收录，收录成功才会进入推荐流程。
- 标题中一定要有关键词。标题有关键词，用户搜索时会一目了然，这样也方便算法去判断和推荐精准客户。
- 正文中最好有关键词。内容围绕关键词展开，这样帖子内容才完整且有重点。
- 话题中一定要有关键词。只有带上关键词，相关话题才会增加帖子被收录的可能性。
- 在评论区引导用户说出关键词。评论区互动越多，越能提升帖子的权重，进而吸引算法进行推荐。
- 一定不要过度堆砌关键词。并不是关键词越多就越能被算法发现，有时反而可能因为关键词过多，帖子被算法判定为垃圾广告和营销内容。

3. 对于垂直类目，直接做品类占领

当你所做的品类在小红书上每日产出的内容不多时，不妨直接做品类占领。什么是品类占领？即客户在平台搜索你所运营的品类时，目之所及都是你，此时，客户除了你还能选择谁呢？

在前面几篇文章中，我不止一次提到过一个案例，就是我们做福建省舞蹈艺考的客户，当时该品类在平台的产出很少，于是

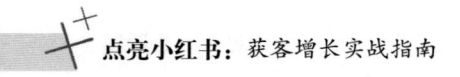

我们建议他不妨多生产内容,直接把这个品类绝大部分的内容都变成他生产的。这样一来,只要帖子被收录,就不担心没有客户咨询了,他也因此在这个品类占领了市场。

4. 精准投流,节省成本,提高投入产出比

选关键词越精准,客户就越精准。在小红书聚光平台的后台,我们可以将选定的关键词,通过"关键词定向"—"批量上传"上传到聚光平台,如图 9-17 和图 9-18 所示。

图 9-17

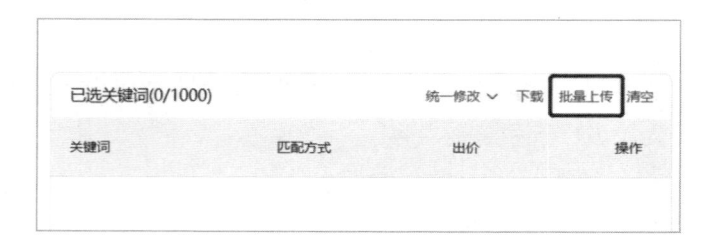

图 9-18

值得注意的是,此时因为选定了关键词的范围,大概率会造成覆盖人群变小、投流成本变高,但因为客群变得更精准了,客户转化率会变高,整体的投入产出比(ROI)是提高的。

10 爆文：爆款内容的标准化生产流程

在第 07 篇文章中，我们讲过如何打造小红书爆款。本篇文章将介绍一个实操案例，告诉大家爆款内容的标准化生产流程。

如果只是因为幸运碰上一个爆款，那不是可持续的。如果想稳定地获得客源，就一定要把偶尔制造爆款的方式，变成标准化的生产流程，即 SOP。按照流程生产爆款，再加上矩阵化运营，即可批量生产爆款。

值得注意的是，这里提到的爆款内容，不是以追求最大传播效果为目标的内容，而是能带来精准客户和直接收益的内容。追求最大传播效果，是做声量；而追求精准客户和直接收益，才是做流量。声量大于流量，但流量精于声量。如果是做商业性内容，更要从需求端去寻找解决方案，只提供受众需要的东西。因此，为了降低成本，一定要做到标准化、流水线化，这才是本篇的意义。本篇内容可能不适合追求独创、深度、精神层面的帖子。

2 个内容生产链条

也许只有天才才能生产 100 分的内容，普通人最多只能生产 60 分的内容。100 分的内容很难企及，但绝大部分普通人经过培训都可以生产至少 60 分的内容。因为这件事的本质是"模仿"，只需要比较简单的模仿、升级、化用能力。

大多数内容生产都可以遵循下面两个链条。按照这个生产逻辑，账号运营者才能标准化地生产内容。

1. 图文内容生产链条

选题—提纲—脚本—运营

不管运营哪个平台，按照这个链条顺序执行，图文内容就能被标准化地生产出来。依靠灵感有时是不可靠的，依靠流程、步骤一步一步地去推进，更容易产出内容。

选题即内容主题，选题大多能决定一篇帖子是否能火；提纲是想表达的数个观点，在小红书中，提纲不一定要写在正文中，也可以放在图片里；脚本是提纲的延伸，即具体的内容，在小红书中，脚本既可以用图片呈现，也可以用文字呈现；运营则表示帖子的发布，包括添加话题、地点，与用户互动等。

别看这 4 个环节的内容不少，但一个人就可以做到闭环。管理学中有一个原理——奥卡姆剃刀原理，主张如无必要，勿增实体。如果一个人就能做到闭环，则需要配合的人就很少，整体生产效率就会大大提高。目前我们团队都是采用"一人闭环"的打法，运营小红书图文号不需要有很强大的表达、出镜能力，只需要会模仿、复制，于是能做到人均运营 6 个账号，极大地提升了产能。

2. 视频内容生产链条

选题—提纲—脚本—拍摄—剪辑—运营

和图文内容生产的过程不同，生产视频内容多了两个环节：

拍摄和剪辑。这也是最难、最耗时的两环。上述过程，一个人难以形成闭环，需要团队配合。如果团队没有形成合力，就不容易做起来。但即便解决了团队配合的问题，也会有更核心的问题：谁来出镜？出镜之后，受众喜欢不喜欢？他的镜头表现力怎么样？如果这 3 个问题不解决，做视频基本上是空谈。

一般建议先做难度小的图文内容。我们团队也是从图文内容开始做起的，我本人甚至很长一段时间都不敢直面镜头，直到今年，为了打造 IP，成功减重 20 斤，才慢慢恢复自信。但我认为自己的镜头表现力还是不错的。

3 个爆款标准化实操步骤

1. 找品类关键词

在第 09 篇文章中，我们全面介绍了如何选关键词，这里不再赘述。强调一点，平台审核标准一直在变化，所以选择关键词和爆款内容进行模仿要注意时间，"近期"优先。

2. 找近期热门帖子

我在第 03 篇文章中讲过，很多客户一开始就想确立与众不同的账号定位，这并不现实。人为策划得好，但算法不一定认可。所以要想生产爆款，前期比较简单的方式是锚定方向，选定品类关键词和近期热门帖子来借鉴。关于如何找近期热门帖子，也可以参考第 09 篇文章。

3. 模仿升级，借鉴使用

在新媒体运营行业，火过的选题还能再火，这个说法成立。举一个例子，我们团队服务的做减重品类账号的学员，他有一篇帖子数据很好，封面如图10-1所示，对比了不同心态的人面对同一杯奶茶时的想法，表达的意思是，要科学减重，适度满足自己。其实这个选题也可以二次模仿，比如将两杯奶茶换成奶茶和低糖饮品，同样表达科学减重、适度满足自己的思想。

图 10-1

下面我们具体介绍如何模仿爆款。

（1）封面怎么模仿

小红书平台目前的查重机制并不完善，很多时候甚至照搬原帖封面也会获得一定的流量。但这不是长久之计，平台的查重机制会逐步完善，被抄袭的原博主也不会容忍这种行为。

前面讲过,每个账号都有自己的账号视觉。因此,不建议直接把对标帖子的封面稍作修改简单地套用到自己的帖子上。但我们可以勾勒出对标帖子封面上的关键词,再借鉴其他品类的封面元素,形成自己的封面。花一段时间去不断测试封面,选定数据明显高于其他帖子的帖子,将其封面作为账号的固定封面。

(2)标题、正文怎么模仿

标题和正文的模仿核心是,总结中心思想,提炼关键词。

以我团队的账号为例。如图10-2所示,帖子标题是"让客户源源不断的线上获客玩法",提炼出关键词"线上获客玩法"。在正文中,我提炼出关键词"做好客户画像""因地制宜",并扩写内容形成正文。

让客户源源不断的线上获客玩法

目前获客渠道主要分为线上和线下两种方式,好的获客渠道,重点在于如何精准引流获客。

今天整理了让客户源源不断的线上获客玩法,具体分以下两步:
■ 第一步:做好客户画像
厘清客户属于哪类群体、有什么特征。例如,客户的性别、性格、年龄、兴趣爱好等。
■ 第二步:选择对应获客渠道,"因地制宜"
目前线下获客成本太高,所以绝大多数企业都将获客方式转移到线上。
#引流经验分享 #引流 #引流那点事 #引流获客 #精准引流技巧 #私域引流 #获客 #如何获客

图 10-2

同理,假如做一个新账号,要模仿这个帖子,那么标题可以是"线上引流获客的两个核心""加爆微信的线上获客玩法""4个引流法加爆好友"等。正文则可以是"线下流量获客成本高,客户注意力转移到线上，在线上低成本获客成了大部分企业的不二之选。那么，如何才能在线上低成本引流获客呢？核心有两点：首先是做好客户画像，想清楚自己要什么样的客户，根据客户画像去找客户，与其浪费时间与100个不精准的客户闲聊，不如服务好1个精准客户；其次要因地制宜，选好渠道，比如，做海外留学生服务可以选择小红书，做中老年人服务可以选择SP号。"

以上仅为举例，各位读者认真体会后，可以自行模仿实操。

（3）话题怎么模仿

模仿爆款内容时，话题可以不变。也可以通过5118获取精选长尾词，再加一两个长尾词在话题中，增加帖子被收录的可能性。话题不是越多越好，四五个即可，过度堆砌反而有风险。

帖子互动很重要

帖子发布后要持续跟进，把互动做好，流量才会"起飞"。根据2023年小红书WILL商业大会所说，"深度互动"一直是官方很关注的一个指标。

深度互动包括评论、收藏、搜索、分享和截图等指标。其中，后四者是随帖子的内容而定的，但评论是可以"操控"的。操控不是指刷评论，而是指通过回复评论引导客户追加更多评论，增加帖子的权重，从而把帖子推到更大的流量池。

我一直督促团队，每一条客户评论都要回复。回复时要规避敏感词，引导评论也很重要。我会在每篇帖子下面评论"怎么学""求带"等，因为有了这一两条评论，客户就会排队来问"怎么学"

"怎么买"……像在街边排队买东西一样，人们总是倾向于去一个排队人多的地方买东西。

搭建爆款选题库

爆款选题库能快速区别运营专家与运营新手。

在做小红书培训之初，我们团队搭建了一套选题库系统，能很大程度上节省创作精力。我每天会浏览近1000篇小红书帖子，我会将"开启个性化推荐"关闭，不受平台推荐影响，锻炼小红书网感，看到数据好的帖子，便会顺手加入我们的爆款选题库。

因为服务客户所处行业各异，我们会按照品类做选题库，记录6个信息：标题、帖子链接、点赞数据、收藏数据、评论数据、凝练关键词。图10-3是我们团队的爆款选题库局部截图，我们每个月会更新一次选题库，把用过的选题剔除，再把新的选题加入。

□	A= 标题	帖子链接	点赞数据	收藏数据	评论数据	A= 凝练关键词
1	我妈说，这才是普通人真实的家啊！	https://www.xiaohongsh...	1521	1814	71	普通人 真实的家
2	大数据！请推给做衣柜又不要叠衣服的人	https://www.xiaohongsh...	1047	1763	54	衣柜 不爱叠衣服
3	98平,66万的装修能美到什么地步	https://www.xiaohongsh...	1014	1008	92	98平 装修
4	木工打的这个衣柜花了4000+不后悔定制的	https://www.xiaohongsh...	906	1103	58	衣柜 定制
5	第一次装修没什么经验 帮忙看看怎么样	https://www.xiaohongsh...	897	952	183	第一次装修 没经验
6	翻遍小红书，就想复制这套房子	https://www.xiaohongsh...	903	1043	46	复制这套房子 翻遍小红书
7	这是我在小红书看到的最小3房,42平一镜到底	https://www.xiaohongsh...	744	644	197	42平 3房
8	现代极简主义餐边柜	https://www.xiaohongsh...	733	676	8	餐边柜 极简主义
9	床头木饰面背景工艺结构,让你秒懂	https://www.xiaohongsh...	622	658	9	床头 木饰
10	掩嘉全屋定制,多层板的4大套路,	https://www.xiaohongsh...	534	507	237	全屋定制 多层板
11	呆不腻的法式复古小家 电影氛围感	https://www.xiaohongsh...	490	637	14	法式 电影氛围感
12	租了男朋友房子——男朋友为"同居"做的准备	https://www.xiaohongsh...	756	16	300	同居 房子 男朋友
13	二胎家庭装修入住一年,不后悔的10个决定	https://www.xiaohongsh...	373	586	90	二胎家庭 装修 入住一年
14	无拉手分段衣柜细节视频	https://www.xiaohongsh...	434	547	49	无拉手分段衣柜
15	Copy样板间的10m²榻榻米竟被70w+人围观	https://www.xiaohongsh...	477	440	10	10m² 榻榻米 70W+

图10-3

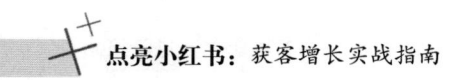

搭建好爆款选题库后,可以按照如下思路来使用。

- 基于凝练关键词,按内容生产标准化流程,形成帖子。
- 团队进新人时,给他选题库,让他在选题库中锻炼灵感,进行模仿升级,生产内容。

巧用 AI,产能提升 10 倍

AI 的诞生极大地改变了人们的生活方式,ChatGPT 的出现更是给内容生成带来了极大的便利。

1. 用 ChatGPT 批量写稿

我建议每一位运营人员都要充分利用 ChatGPT!你完全可以给出一篇帖子(被模仿帖),让 ChatGPT 生成 10 个模仿版本。人来模仿可能需要 1 小时,而 ChatGPT 可能只需要 1 分钟。我们团队是这么调教 ChatGPT 的。

- 我:你能帮我改写一段小红书文案吗?
- ChatGPT:当然可以,请提供原文案和改写要求。
- 我:有几项改写要求,分别是,不改变原文意思、字数相差不超过 100 字、内容用于小红书且使用女生口吻、具有吸引力、完成后提取出内容标签、在句子前添加适当的表情符号、进行文案的排版和换行。

此时要给 ChatGPT 提供原文案,不然容易出错。你要很明确地告诉 ChatGPT 改写要求,它会输出升级、模仿、化用后的文案,且文案的可利用性非常高,你也可以让 ChatGPT 同时生成多个版本。下面我们来看一个具体的例子。

- 我：现在我想让你给我写一篇小红书文案。
- ChatGPT：好的，你想要写关于什么主题的小红书文案呢？
- 我：主题是，160梨形身材女生的春季穿搭。

于是，ChatGPT给出以下文案。

标题：春季穿搭｜让160梨形身材女生更加美丽自信

作为160梨形身材女生，我们在春季穿搭时需要注重挑选适合自己的服装，这样才能够展现自己的美丽和自信。今天，我为大家分享几种适合梨形身材女生的春季穿搭，希望能够给大家一些灵感。

第一种，利用单品修饰身材。我们可以选择修身的上衣，搭配宽松的裤子或裙子，这样可以修饰我们的腿部线条。或者选择宽松的上衣，搭配紧身的裤子或裙子，这样可以突出我们的上半身线条，掩盖梨形身材的缺点。

第二种，选择适合的颜色和款式。对于梨形身材的女生来说，最好选择深色系的服装，这样可以使身体比例更加协调。在款式上，选择A字裙或喇叭裤等流行款式，这样也可以掩盖我们的身材缺陷，让我们更加自信。

第三种，巧妙利用配饰。配饰在春季穿搭中非常重要，可以让整个穿搭更加出彩。我们可以选择大号耳环或项链，这样可以吸引别人的注意力，从而弱化我们身体比例的不协调。同时，选择鞋子和包包也可以巧妙地修饰我们的身材。

总之，160梨形身材女生在春季穿搭时，需要注重挑选适合自己的服装和配饰，利用单品修饰身材，选择适合的颜色和款式，巧妙利用配饰，让自己更加美丽自信。希望这些穿搭技巧可以给大家带来帮助。

当然，ChatGPT 带来的惊喜远远不止这些。我们可以继续要求它：这个内容不够个性化，我需要你用女生的口吻来写，把文案写得俏皮可爱一点，完成后提取出内容标签（Tag），并进行文案的排版和换行，方便用户阅读。

于是，ChatGPT 重新给出文案，如下。

标题：春季穿搭攻略！这些穿搭技巧让 160 梨形身材女生更美更自信！

Hey，妹子们！春天来了，是不是心情特别美好呢？可是，穿衣的难题又来了，该怎么穿才能让我们这些 160 梨形身材的女生更加美丽自信呢？今天，小姐姐我就为大家分享几个春季穿搭技巧，让我们一起变得更美哦！

第一种，利用单品修饰身材。姐妹们可以选择一件修身的上衣，搭配宽松的裤子或裙子，这样可以让我们的腿部线条看起来更加修长。或者选择宽松的上衣，搭配紧身的裤子或裙子，这样可以突出我们的上半身线条，让我们的身体比例更加协调哦！

第二种，选择适合的颜色和款式。对于梨形身材的女生来说，最好选择深色系的服装，这样可以使身体比例看起来更加协调呢！在款式上，我们可以选择 A 字裙或喇叭裤等流行款式，这样也可以掩盖我们的身材缺陷，让我们在春天更加漂亮！

第三种，巧妙利用配饰。姐妹们，配饰在春季穿搭中非常重要哦！我们可以选择大号耳环或项链，这样可以吸引别人的注意力，让大家更多地关注我们的上半身，而不是身体比例的不协调。同时，选择漂亮的鞋子和包包，也可以巧妙地修饰我们的身材，让我们更加自信美丽！

总之，160梨形身材女生在春季穿搭时，一定要注重挑选适合自己的服装和配饰，利用单品修饰身材，选择适合的颜色和款式，巧妙利用配饰，让自己更加美丽自信！

Tag：#春季穿搭 #梨形身材 #修饰身材 #配饰 #自信美

这篇文案整体比较符合小红书中女生写作的风格。这只是初步训练的结果，ChatGPT 是需要不断"调教"的，你越是不断喂给它文字和需求，它生成的文案就越精准、越符合你的需求。

2. 用 Stable Diffusion、Mid-journey 批量产图

除了 ChatGPT，我们还可以用 Stable Diffusion 和 Mid-journey 来批量生成图片。我们团队用得比较多的是 Stable Diffusion 的以图生图和给提示词生图。给出适当的提示词（prompt），生成图片的效果还是很不错的，既真实又漂亮，很多小红书博主都在使用这两个工具来生成图片。

最后给大家讲一个真实的笑话：我们在做小红书代运营时，用 Stable Diffusion 生成了一些装修效果图，结果有一次，客户通过帖子想要联系图片中的装修师傅。我只能说，这是 AI 生成的，世界上根本没这号装修师傅……

11 矩阵：让流量翻10倍的秘密

我们有一个客户，在青岛线下经营瑜伽馆，疫情前门店收入比较可观，但受疫情影响，她的瑜伽馆门店关了一半，客源大大减少。这期间，她也尝试过在抖音和大众点评做广告，费用高不说，流量还没有什么增长。她看到同行在做小红书，于是自己也想尝试，但是运营了一段时间后，成效甚微，最后找到我们团队想学习如何运营小红书。她说："老师，我没法不买你的课，因为我在小红书一搜，加到微信之后发现背后都是你。"没错，一搜私域，出现的几乎都是我们团队的账号。

这就是做矩阵运营的效果。接下来我们就来聊聊为什么要做矩阵运营，以及怎么做矩阵运营。

为什么要做矩阵运营

1. 单个账号的变现效率有限

我是从公众号时代步入新媒体运营的，那时候的粉丝量就是钱，所以早期做抖音时，大家都在琢磨如何做出一个粉丝量高的账号，然后实现快速变现。几年下来，大家逐渐发现，变现最多的并不是粉丝量最高的账号，而是粉丝群体最精准的账号。因为在推荐内容时代，最重要的不是粉丝量，而是变现价值。可想而知，要是变现价值能翻10倍，效果会是惊人的。

罗永浩在一开始进入抖音直播时只开了一个账号，但现在，"交个朋友"直播间延伸出数十个其他直播间。"东方甄选"通过董宇辉一夜成名后，现在也发展出了"自营产品""美丽生活""看世界"等其他直播间。抖音上还有一个叫"参哥"的人，他在平台铺设了数不清的账号，平台封号的速度甚至赶不上他开号的速度。这些例子说明什么呢？大家都明白，单个账号即便粉丝量再大，变现效率也有限，做账号矩阵可以使变现效率大幅提升。不只抖音，小红书也一样。

即使小红书的粉丝质量在所有公域平台中名列前茅，但单纯依靠一个账号获得大量粉丝还是很难的，做到平台前几名的概率堪比中彩票。与其费尽心思做一个大号，不如做一堆小号。就像我前面提到的，不要羡慕别人的 1 篇帖子收获 100 万浏览量，老老实实生产一篇 1 万浏览量的帖子，连发 100 篇，也是一样的。这是务实的普通人应该做的事情，也是矩阵运营的体现。

2. 矩阵能极大地降低业务风险

我们把微信生态称为私域，除此之外的生态称为公域。做流量的人都知道，私域才是自己的，在公域运营要交"保护费"，同时流量的安全性也不高，尤其是当你想免费将粉丝引流到私域时，公域平台一定会出台各种规定阻挠你。

此时，矩阵运营就显得特别重要，这种方法可以极大地降低账号"全军覆没"的风险。一旦某个账号因为违规、被举报等遭短暂封禁，甚至永久封禁，矩阵账号依然可以帮你承担起引流的重任。如果没有备选账号，封号对团队的打击将是巨大的。因此，不建议把鸡蛋放到同一个篮子里，要通过矩阵运营来分散风险。

3. 一定要做可复制化矩阵

在第 02 篇文章中,我分享了我们团队做账号的 3 个方法:可复制化矩阵、品类占领、5 分钟触达。核心是,一旦某个账号跑通,马上复制 10 个,甚至 100 个,从数量上占据碾压性优势。

一个账号跑通变现逻辑,往往意味着变现端流程开始清晰,而在内容端,有了爆款内容就有可能被别人模仿,与其这样,不如自己榨干选题,用内部其他账号模仿爆款继续发布,直到内容不再带来流量。关于这部分内容,前面已经反复提及,这里不再赘述。

怎么做矩阵运营

前面介绍了为什么要做矩阵运营,那么究竟该如何去做呢?这里给大家介绍几个核心方法。

1. 跑通账号再做矩阵

我们团队有一套变现 MVP 理论:当一个账号从有曝光(有"小眼睛"数据),到能引流(客户关注、评论、私信咨询,到加上微信),再到能变现(卖出产品),我们称这个账号跑通了。此时项目不一定盈利,但一定已经产生了现金流。为了节省成本,增加收益,批量化、规模化复制就是不二之选。

一般来说,只要账号权重没问题,小红书账号的曝光周期为 7 天左右,这个过程要不断测试选题、测试封面;引流跑通的周期为 3 天左右,这时要不断测试引流话术,总结如何能让客户快速加到微信;加微信后要深度挖掘客户需求,促进成交,即跑通变现，这个过程的周期为 7 天左右。也就是说，变现 MVP 理论跑通一共耗时 17 天左右。此时，即可在现有成本结构和人员可承受范围内，再增加 3~5 个账号，只需花 7 天左右跑通账号的曝光环节即可，引流和变现的流程是可复用的。

所以理论上，从开始搭建账号，到小规模测试形成矩阵，仅需要 24 天。加上养号的时间，一个月内，大致就能够跑通小规模矩阵运营。接下来，如果是小众品类，就多发帖子，做到"品类占领"；如果是大众品类，就继续铺设更多账号，只要规模够大，也能在红海领域生生抢来一块肉。

2. 矩阵的差异化与统一化

做矩阵，不是指所有账号都发布一样的内容，每个账号的账号视觉不同，这些需要反复测试。矩阵中的各个账号一定要在封面上有所差异，否则这些同质化的内容不会被推荐，甚至有可能被判定为"抄袭"。

另外，虽然要榨干选题，但当其他账号复用某个账号的爆款选题时，不能重复度太高，我们测试下来发现，原创度至少要达到 60%，包括封面和文案。封面要避开原帖封面的元素，包括色块、文字等，而文案要巧妙地换说法，比如将把字句换成被字句、前后倒装等，避开平台的查重。值得留意的是，目前平台的查重机制没那么智能，但这不代表未来不会提升。

除了机器审核，平台还会引入人工审核。我们有一个做 TikTok 培训的客户，反馈账号在某段时间被限制得厉害。经核实，我们发现他在使用上述矩阵方法论时几乎一字不改，只修改封面边框，最后在平台的人工审核环节被限制了流量。

对于帖子的话题部分，多账号可以保持一致，也可以略有不同，因为蹭话题可以增加帖子被收录的概率。

对于帖子中的视频，建议在背景上做出更改，或在视频中加入其他元素再发布。拍摄时可以多机位操作，这样即便是同一个视频，角度和画面不同，系统查重也是不容易判定为相同的。

前面我们讲了矩阵运营中账号要有差异，但账号名称可以统一（也可以不统一）。统一账号名称特别有利于构建用户认知，用户一搜索，扑面而来的都是你的账号，视觉效果比较震撼，也有利于打消用户的疑虑。当然，不统一可以规避恶意竞争，让同行不那么容易识别你的账号，减少被同行恶意举报的风险。我们团队的做法是部分统一，部分差异，甚至有些账号的 IP 地址都不在湖南，这都是为了让矩阵看起来不那么显眼。

3. 不只是企业，个人博主也要做矩阵

是的，不只是企业需要做矩阵，个人博主也要做矩阵。原理相同，不要把鸡蛋放到同一个篮子里。业务一旦做大，稳定性就变得很重要。很多个人博主只运营一个账号，一旦被竞争者恶意举报，损失将十分惨重。但如果还处于业务发展的初级阶段，可以不着急做矩阵，先把账号跑通再说。

12 引流：3句话吸引精准客户加微信

为什么要引流

公域平台一般基于内容产生流量，很多时候我们甚至不知道内容是由谁生产的；私域平台则基于关系产生流量，我们往往会因为这个人而关注他生产的内容。

由于公域平台的逻辑是信息流推荐，所以用户很难直接与创作者产生联系，除非主动搜索，否则用户只能在推荐信息中再次找到创作者。如果想让作品一直被曝光，创作者往往需要支付不菲的广告费。私域平台则不同，一次获客，终身免费触达。

随着移动互联网行业的增量消失，流量成本变高，供给过盛，粗放的流量变现模式已经很难适用，因此，必须要精细化运营，注重"留量"，即注重私域运营。

私域的本质是客户管理。在国外，做客户管理系统的企业数不胜数，在国内，客户管理系统并不普及，此前客户信息数字化工作的进展一直不尽如人意。但私域的出现就像移动互联网的出现一样，提供了弯道超车的机会，不仅推进了客户信息数字化的进程，还让企业得以更及时、更便捷地触达客户，了解客户的精细化需求。

在公域平台，创作者在获客的过程中要顾忌账号被禁言或限流，但即便各平台三令五申限制用户引流到私域，这种现象还是难以被禁止,因为几乎没有人能抵挡得住私域的诱惑。

引流之前先定钩子

钩子是什么?我来举个例子:要把一个用户引流到私域,我们的抓手是什么呢?要用什么样的话术?要用什么吸引用户?比如发传单,传单上必须要有吸引用户的内容,他们才会看;比如钓鱼,鱼钩上面必须得有饵料,鱼儿才会上钩。

钩子就是传单上的内容,是鱼钩上的饵料,也就是吸引用户的抓手。总体来说,钩子大概可以分为4类。

1. 产品

对于低客单价品类,往往爆款产品就是最好的钩子。比如服装品类,好看的衣服就是钩子;而对于奶茶品类,好喝且颜值高的单品就是钩子。

但对于高客单价品类而言,光有爆款产品是不够的,还要有低价引流品,或福利赠品。引流品不建议免费赠送。免费赠送产品,用户可能不会那么珍惜,同时吸引来的很可能只是"白嫖党"[1]。为了更好地体现产品价值,高客单价品类可选取有特点的产品低价出售。当然,有些场景需要"排面",比如大型超市开业,应该多送福利赠品,吸引更多的客源涌入。

---

[1] 网络流行语,是指不花钱就想获得资源、爱占便宜的一类人。

2. 资料

资料包括教材、课程、方案等一切让人觉得"有便宜可占"的总结性内容。小红书上的很多教育类账号，都在帖子中发资料。比如做考研培训的，他们会说自己有历年真题；做插画培训的，他们会说可以免费领笔刷。资料的引流速度极快，但转化效率较低，因为领资料的很可能是"白嫖党"。

教材会涉及成本，所以引流成本会比其他资料要高。教材是纸质实体，用户收到后至少会翻一翻，付出更多的时间成本，体验到更强烈的仪式感，因此教材的转化率较高。

课程包括网课和线下试听课。免费的网课获取相对容易，所以用户往往不会珍惜；线下试听课因为会使用户投入较大的时间成本，所以转化率较高。

方案也是一种资料，比如做家装的能提供免费的设计方案，这就是一种很好的引流手段。

3. 机会

机会也是钩子。如果在小红书中浏览"创业""学习"等相关内容，会发现越是火爆的帖子，其评论区中会有越多的"求带"。这一类钩子吸引的大部分是创业者或有创业精神的人，只要在流量端把项目逻辑讲清楚，转化率是相对较高的，而且客户的付费意愿和付费能力都是不错的。

4. 有影响力的同行或圈子

如果有人建了一个大咖群，群成员有李开复、马云，你想不想进群？你肯定想！比如，有人组织了跨境电商从业者交流圈、长沙宝妈交流圈，而你恰好在做跨境电商，或者你恰好是长沙的宝妈，相信你很大程度上是想进入圈子的。这也是一种钩子。

当然，钩子还有很多，这里只总结出几个较大的类目。要强调的是，引流覆盖的范围广并不代表转化率高。比如资料这类东西，覆盖广、引流快，但转化率可能很低。

小红书中是否有绝对安全的引流方式

这个问题很多客户和学员都问过我。我可以笃定地告诉大家：如果没有在小红书平台充值过，的确没有绝对安全的引流方式。

这也是大家对小红书又爱又恨的地方：爱，是因为小红书是消费主义社区，推送的流量很精准，客户付费能力和付费意愿都很强；恨，是因为小红书自 2023 年开始大踏步迈入商业化转型进程，平台开始严管、严打免费引流行为。

很多人在小红书发帖子，点赞数、收藏数都不错，可一旦引流，平台就会出现"系统检测到，该账号存在交易导流"的提示。特别是对于小红书平台本身的强势品类，比如服装、美妆等。小红书官方将交易导流定义为：在小红书平台通过各种手段，将用户引导到其他第三方平台完成交易的行为。

不过，如果你在聚光平台或薯条平台做过付费推广，平台可能会对你的交易导流睁一只眼闭一只眼。毕竟平台也要盈利，这种现象是可以理解的，也许是一种价值交换。

所以从长远来看，还是要尽可能地在平台规则允许的范围内来做事情。我们要把平台规则研究到极致,这样才能低成本获取客户。我们要知道,凡是和平台走对抗路线的,最终一定无法在平台立足。如果你决定运营小红书,一定要紧跟小红书平台的政策变化,遵循平台的规章制度。

在小红书中引流,究竟怎么做

引流有很多讲究,下面我们将从多角度进行剖析。

1. 账号资料处

(1)小红书号

前面讲过,**小红书号**可以改成微信号,如图 12-1 所示。但能看透这一点的,要么是同行,要么是资深玩家,一般人不一定了解,因此对引流帮助不大。

图 12-1

(2)简介

简介里可以写邮箱,但邮箱的打开率很低,引流效果有限。而且,不是所有的账号都可以在简介中留邮箱,只有账号权重达到一定程度才可以（目前是有 5000 名粉丝），否则很可能被告知违反社区规定。我们在前面介绍过，可以在简介中@自己的小号（见图 12-2），小号中置顶一篇帖子公布微信号，这种引流方式目前是可行的，只不过不会被推荐。此外，简介中还可以放谐音字，如"公粽号"代表"公众号"，但这种引流方式效果有限。

图 12-2

（3）记录我的日常

使用该功能，可以发布多个"瞬间"，将它们排列成整行，把微信号展示出来进行引流，如图 12-3 所示。这种方法比较低效，原因同样是很多用户看不懂，且这种方式容易被举报，判定违规率也较高。不过，当账号权重较高时，就不容易被举报成功了。

图 12-3

(4) 背景图

小红书背景图中可以展示微信号，但一定得是字母+数字的组合，字迹潦草一点更不容易被平台识别。这种方式引流转化率不高，并且存在被平台识别的可能性。

2. 私聊处

小红书个人号每天可以主动私信 5 个陌生人，企业号可以主动私信 20 个陌生人。对于已关注自己的人，则不限私信数。因此，当帖子的评论区有很多人询问时，可以先引导他关注自己，然后在私信中进行引流。但是依然不要直接回复微信号或电话号码，还是需要含蓄一些，柔和处理。

在小红书私聊，我的建议是不要聊太多，一定要在 3 句话之内把用户引流到微信。一是因为小红书平台限制严格，聊太多容易出现敏感词；二是因为，可以在微信中快速筛选精准客户，实在没必要在私聊环节浪费时间，以免漏掉其他客户。在私聊中引流的方式有以下几种，目前在小红书平台较为安全。

(1) 纯文字

可以引导用户加自己微信，或者让用户给出自己的微信号。但不要直接说"微信"，可以说"我 V 是""你 V 是"，如图 12-4 所示。

(2) 文字+图片

可以发文字讲"这里不常看"，然后发一张手写微信号图片，不必写得太工整，以免被平台识别，字体潦草些，但能让人知道是什么意思，效果最好。

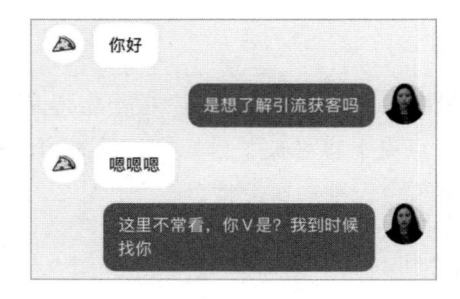

图 12-4

（3）文字+小号帖子

可以通过文字询问客户的需求，然后将小号中的置顶帖发给他，如图 12-5 所示。小号的昵称可以是"找某某在这"诸如此类，帖子标题是"找我？在这↑"，帖子封面直接写明微信号。

图 12-5

（4）引导客户看收藏

将含有私域信息的帖子添加至账号收藏，私信过程中直接引导客户看收藏，这种方式比较安全（并不是绝对的）。比如可以告诉客户，私信禁言，然后引导客户查看账号收藏，如图12-6所示。

图 12-6

（5）把图片做成表情包

可以点击小红书表情中的"心形"图标，输入带微信号的图片，做成表情包，后续发给客户，如图12-7所示。

3. 群聊处

（1）置顶消息

可以在群聊中置顶本账号或其他小号的消息，引导客户加微信，如图12-8所示。

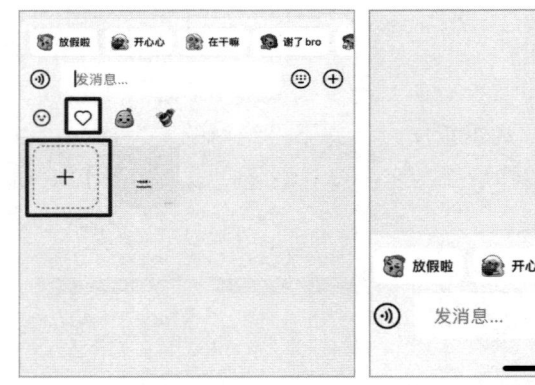

图 12-7

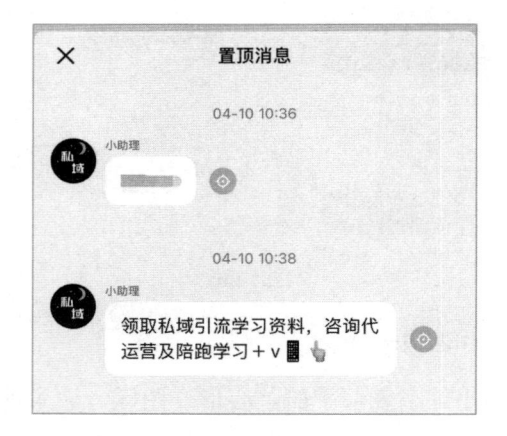

图 12-8

（2）用小号@

可以用小号@客户，再用上面介绍的私聊方式引导客户加微信。小号可命名为"大号名称+助理"，尽量降低引流的成本。

4. 评论处

（1）引导关注

客户评论后，可以回复评论引导客户关注，注意不要太直接，可用谐音词。比如回复"关注下思"表示"关注之后我发私信给你"，回复"看星西"表示"请查看信息"，如图12-9所示。

图12-9

（2）@小助理

可以在评论区@小助理，后面加文字"小助理有问必答"一类的，然后在小助理账号上仅发布和收藏一篇帖子，置顶展示微信号进行引流，效果如图12-10所示。

5. "线下门店"处

如果是企业号，并且有线下门店，可以在小红书"线下门店"处添加地址，引导客户到店，客户有需求也可以拨打电话。不要小看这个线下门店功能，我有一个客户做原木家具生意，他把账号的线下门店设置好之后（见图12-11），再辅以运营账号，每周

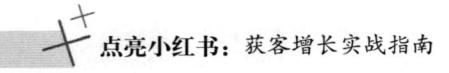

能接到两三个精准客户的咨询电话。原木家具客单价很高,两三个客户基本已经能帮他完成业绩了。

图 12-10

图 12-11

13 投流：如何利用投放涨粉拓客、"上热门"

投流是流量投放，也就是推广的意思，是指将作品、产品进行投放以获得一定的流量。如今，运营平台账号都免不了投流，本篇就来介绍为什么要投流，以及如何在不同平台投流。

为什么要投流

1. 投流能免费提升流量

在小红书上投流可以获得引流"豁免权"，即只要在薯条或聚光平台付费投放广告，即便预算有限，平台也会对账号引流行为放宽限制。一般这个时间红利为 3 个月左右。

这种方法不适用于大号引流，大号已经有了很好的粉丝基础和获取免费流量的能力，此时再去投流可能会导致自身免费流量获取能力被削弱，且需要一段时间才能恢复。这种方法是中小号的最佳选择，因为这样可以获取平台的免费流量，还不被限流。

2. 投流能放大势能

做生意是要看 ROI（投入产出比）的。投流能放大势能，让不太稳定的免费流量变得稳定。

对于企业来说，只要 ROI 合适，花钱并不是问题。小红书有些品类的 ROI 能达到 10，此时一定要将"通投拉满"，最大限度地使用手中的资源进行投流，大概率稳赚不赔，但这个时间段并不会太长。

聚光平台怎么投流

聚光平台是小红书的一站式广告投放平台，能够满足广告主多样化的营销诉求。聚光平台中的广告类型有 4 种。

（1）全站智投：平台智能投放，将广告投放至小红书站内的优质流量池，系统会根据广告主的属性、素材特征等进行智能计算并投放广告，适合希望控制成本同时尽可能多获客的人。

（2）搜索推广：广告主根据自己的产品或服务的内容、特点，确定相关的关键词，撰写广告内容并自主定价投放。

（3）信息流推广：在社交媒体用户好友动态中，或在资讯媒体、视听媒体内容流中投放广告。广告将随机出现在发现页。

（4）视频流推广：聚光平台在"产品种草"营销诉求下新增的广告投放类型，支持客户将视频笔记投放到单列展示的视频流场景中，优化笔记互动率。

聚光平台一共有 5 个营销诉求。

（1）产品种草：目标是吸引受众产生购买欲望，或增加其使用产品或服务的兴趣。支持的广告类型包括全站智投、搜索推广、信息流推广，推广目标是提高点击量和互动率。

（2）抢占赛道：目标是帮助品牌抢占或强化用户心智，快速提升产品或服务在某赛道和场景下的影响力。支持的广告类型是搜索推广，推广目标是提高点击量。

（3）商品销量：目标是吸引受众进入店铺或购买店铺商品。支持的广告类型包括搜索推广、信息流推广，推广目标是增加商品成单量和商品访客量。

（4）客资收集：目标是吸引受众提交销售线索或发起私信咨询。推广目标是提高表单提交量、私信咨询量、落地页访问量。

（5）直播推广：目标是吸引受众进入直播间购买商品。支持的广告类型包括搜索推广、信息流推广，推广目标是提高直播间观众量。直播推广目前在内测中，需要联系平台官方销售人员申请白名单才可以使用该功能。

1. 新用户怎么投流

新开的聚光账号在投放广告的时候，在"营销诉求"页面建议选择"客资收集"，如图 13-1 所示。广告类型和搭建方式依次选择"搜索推广"和"标准投放"，广告类型也可以选择"信息流推广"，如图 13-2 所示。

经过一段时间（一般是 96 小时）后，营销诉求可以改为"抢占赛道"，或将广告类型改为"全站智投"。

不建议新用户一开始就选择"全站智投"，因为当前小红书的广告算法还不够智能。全站智投无法筛选精准客户，会增加消耗，且收益有限。而像图 13-2 中那样设置，可以帮助新账号获取精准客户。连续运营 96 小时之后，广告算法就会知道广告主想要获取什么样的客户，此时进行客户群体的匹配就会容易得多。

图 13-1

图 13-2

2. 成熟用户怎么投流

前面讲到，账号运营 96 小时后（这时的账号数据经过了企业验证），就可以选择营销诉求中的"产品种草""抢占赛道"，以及广告类型中的"全站智投"。因为广告算法已经明确广告主需要什么样的目标客户，上述几个选择可以帮助扩大客户人群规模，实现流量和收益的加倍。

3. DMP 精准定向怎么用

DMP 是小红书商业化数据管理平台，可基于个体特征、品牌行为、内容行为等多角度进行标签圈选和人群挖掘，提供符合广告主需求的精细化广告定向投放能力。

DMP 从行业标签、用户属性、内容偏好、私域数据 4 个维度进行标签细分，覆盖了比较多、比较细致的营销场景。而且 DMP 也支持基于现有数据来进行相似人群拓展，帮助广告主找到更多的相似客户。选择"人群标签"，添加细分标签后就可以进行运算，了解已选人群量级是多少。此外，如果广告主有私有数据，比如在其他平台投流获取的人群信息，可以点击"私有上传人群"来上传数据，更大可能地在小红书获取精准客户（见图 13-3）。

薯条平台怎么投流

薯条平台是小红书为内容创作者及企业商家提供的自助式投流平台，可以在手机端直接操作，分为内容加热和营销推广两个模式。内容加热面向个人创作者，支持投放非营销属性的优质内容，助力账号成长。营销推广面向企业商家（及个人），支持投

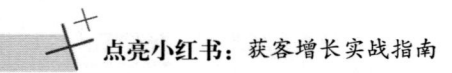

放商品笔记等营销属性内容,助力企业成长。

图 13-3

1. 内容加热和营销推广

内容加热和营销推广的区别如表 13-1 所示。

表 13-1

	内容加热	营销推广
服务对象	有推广优质内容诉求的个人创作者,如果是专业号,要求以个人身份注册	有营销诉求的中小企业商家或个人;如果是专业号,要求以企业身份或个人经营者身份注册; 1)进行专业号身份认证的用户; 2)入驻蒲公英平台的用户; 3)开通直播选品权限的用户;

续表

	内容加热	营销推广
		4）开通薯店的用户； 5）开设专栏的用户
账号要求	无粉丝数限制； 近28天内发布笔记数量≥2； 账号符合社区规范	具备齐全的广告营销资质； 无粉丝数、笔记数限制
内容要求	不含营销属性，符合社区规范； 近90天内发布的内容	符合广告法规定，可为营销内容； 历史笔记均可投放
是否打广告标	不打标	打赞助标
推广目标	提高笔记阅读量（视频播放量）； 提高点赞量和收藏量； 提高粉丝量	提高笔记阅读量（视频播放量）； 提高点赞量和收藏量； 提高粉丝量； 提高商品访问量
营销组件	无	支持私信组件、商品卡片

内容加热适合的用户一般有如下属性。

- 内容创作能力强。

- 有账号成长诉求。

- 有付费加热内容的需求。

- 注重私域用户价值。

- 暂时无专业的广告投放能力。

内容加热有3个推广目标：提高笔记阅读量（视频播放量）、提高点赞量和收藏量、提高粉丝量。目标不同，系统提升的数据也不同。

内容加热有两种定向方式：一种是智能优选定向，系统会根据曝光人数、投流设置等智能优选受众；一种是自定义定向，用户可以根据性别、年龄、地域、兴趣这4个维度选择受众。

营销推广适合的用户一般有如下属性。

- 笔记营销属性强。
- 希望在小红书开展电商带货、线索留资等业务。
- 有付费购买流量的推广诉求,但广告投放经验不足,单次投流预算较低。

营销推广提供了 3 大差异功能以更好地服务企业:低门槛,只要通过审核就能投放广告;提供私信组件功能,提升营销效率;支持提高商品访问量,助力开店。

2. 投流的具体方法

不管是内容加热还是营销推广,薯条平台最低 75 元起投。可以自己设置推广时间,如 6 小时、12 小时、24 小时。一般我推荐选择 24 小时,这样操作会使流量"跑"得慢一些,便于流量保留。

投流时,一般要选择数据好,即点赞量和收藏量多的帖子。第一次投流需花费 750 薯币,即 75 元。

首次投流主要看互动率、点赞量和收藏量,互动率是帖子进入下一个流量池的主要考核项,互动率越高,帖子就越有机会进入下一个流量池。一般来说,6 小时总结一次互动率,互动率只要超过 5%就可以进行下一轮投流。

$$互动率=(点赞量+收藏量+评论量)/浏览量,$$

第二波投流可以直接选"智能优选"模式,因为一开始的自然流量和首次投流已经能确定人群标签,本次投流还是要看互动率,互动率超过 5%就可以再加一轮。

第三波投流可以加大预算，推荐花费 500 元。如果要追加第四波投流，要注意将帖子素材在可用时间范围内不断优化。

蒲公英平台怎么投流

蒲公英平台是小红书优质创作者商业合作服务平台，类似于抖音的豆荚。蒲公英提供了 4 种合作模式：新芽助推、定制合作、招募合作、共创合作。

1. 新芽助推

新芽助推是小红书为扶持新品牌全链路投放广告所推出的新客专享产品，旨在为新品牌提供内容+广告一站式解决方案，目前（截至本书写作时）正在内测阶段。参加新芽助推的品牌需要满足以下两个条件中的任意一个。

- 近 90 天内在蒲公英平台无费用消耗。
- 近 120 天内在聚光平台无费用消耗。

新芽助推优先支持的行业包括食品饮料、美妆个护、服装配饰、母婴、3C 家电等，品牌需要寄样品给推广者。新芽助推的流程大致如下。

（1）品牌在蒲公英平台发布"新芽助推"需求。

（2）平台智能匹配推广者（博主），有意向的博主主动报名。

（3）品牌在报名博主中进行反选，确定合作名单并寄送样品。

（4）博主体验后创作图文笔记（目前仅支持图文推广），并获得平台的流量扶持。品牌在合作者笔记中投放广告，聚光平台会为品牌开启智能投放方案。

新芽助推能够解决品牌冷启动预算有限的问题，希望尝试低成本营销，同时缺乏广告素材和内容沉淀的，可以选择。

新芽助推是目前性价比比较高的方案，如果品牌在聚光平台收到了小红书的内测邀请，建议试试。未来平台可能会把这个功能下线，也可能正式推出，那时流量红利就没有现在这么大了。

2. 定制合作

定制合作是品牌根据需求一对一筛选博主，博主根据品牌需求进行笔记创作，最后一口价结算推广费用的合作模式。定制合作的过程如下。

（1）寻找博主。品牌可以在蒲公英平台的"寻找博主合作"页面，通过标签初步筛选意向博主，如图13-4所示。确定后向博主发出邀约，获取博主的合作意向与联系方式。

图 13-4

（2）发起合作。确定意向博主后即可发起合作，填写合作要求。在投放模式上，若选择"普通模式"，平台将加收10%的服务费；若选择"优效模式"，平台将加收20%的服务费，优效模式主要可以保障流量曝光符合博主的综合曝光表现。

（3）笔记审核确认。博主确认合作并提交笔记后，品牌可以查看并确认笔记，如果觉得不满意，可以选择驳回，但最多只能驳回3次。

（4）笔记发布。博主发布的笔记30天内不可删除，图文笔记可以修改，视频笔记只可以修改文案和话题。

3. 招募合作

招募合作是品牌面向多个博主进行招募的合作模式。招募合作的流程如下。

（1）发起招募。在蒲公英平台填写项目信息、合作周期、品牌形象与合作需求后，品牌方即可发起招募。

（2）博主报名。在品牌设置的招募开始和结束时间段内，博主可参与报名，要提交合作优势、内容构思、优惠价格等信息。

（3）筛选博主。报名结束后，品牌可查看博主的详细信息，选择"通过筛选"即确定合作，选择"拒绝合作"则淘汰博主。

（4）确定合作方案。确定博主后，在"招募列表"页面可以直接联系博主，沟通合作细节、档期、寄送样品等。

（5）下单及发布笔记。点击"添加合作"到合作列表，即可批量下单，与确认合作的博主完成合作。

4. 共创合作

共创合作是蒲公英平台推出的效果化内容交易模式,可以推荐智能博主包,以及一站式赋能内容生产,最终按阅读成本进行结算,保障品牌流量成本可控。共创合作的流程如下。

(1)发起共创合作。在蒲公英平台"新建共创合作",填写共创合作信息并提交。

(2)博主报名。博主看到合作信息即可自由报名。

(3)博主筛选。博主报名完成后,进入共创合作订单列表,品牌需要在其中确认名单。

(4)样品寄送与博主体验。确认名单后寄送样品,博主收到样品并体验后开始创作笔记内容。

(5)查看数据。企业可以在蒲公英平台点击"数据中心"—"共创合作",在合作列表中查看投流数据。

14 变现：小红书变现的4种方式

任何人做小红书，几乎都离不开变现。完成变现，小红书运营才真正成为一个闭环。如果无法变现，无论做了多久、粉丝量有多少，到最后可能都很难坚持。

相比其他平台，小红书的用户并不排斥商业化，这对平台和社区而言是好事。豆瓣、B站、知乎都曾经历过商业化的困局，从而陷入市值下跌的困境，影响整个社区生态。

变现对平台、创作者、用户而言都是好事。对平台来说，变现能让平台顺利上市，初始投资者顺利退出后，平台进入二级市场能获得更大的融资机会；对创作者来说，变现能让创作者持续生产优质内容，不需要为生存问题担忧；对用户来说，一个能够变现的平台，其生态才会更优质，能产出更多优质内容、优质攻略和优质服务。

在小红书中，变现一共有 4 种方式。

私域变现

私域变现即在小红书平台进行产品曝光，把客户引流到私域后销售产品，实现变现。对于不同品类的产品，其是否适合进行私域变现，说明如下。

- 高频低客单价产品：比如酒水、生鲜、乳品、餐食等，这些产品的复购率足够高，如果选择公域变现，需要花费的流量费用过高，而将这些产品沉淀到私域变现，可以做到一次获客，永久维护。
- 低频高客单价产品：比如婚纱摄影、家装、教育培训等，这些产品客单价高，客户决策周期长，通过私域变现可以增强客户信任，引导客户成单，可搭建销售团队来成单。
- 高频高客单价产品：比如奶粉、大牌美妆、名贵白酒等，这些产品都属于竞争极其激烈的品类，把客户沉淀到私域能降低获客成本，提高复购率。
- 低频低客单价产品：没必要进行私域变现。

总体来说，私域变现有以下优势。

- 沟通极其方便，目前大概没有比微信更能及时沟通、及时反馈的聊天工具了。
- 成交场景丰富，如公众号、私信、朋友圈、群聊、视频号、直播间等，方便客户全方位了解企业和团队，毕竟，信任是成单的基石。
- 客户维护和复购极其方便。

私域变现一共有 3 步，也就是前面讲过的变现 MVP 理论：曝光、引流、变现。这里我们不再赘述。在这个闭环里，有 4 个关键点，具体如下。

- 精准曝光：做私域变现，并不是曝光量越大越好，而是越精准越好。比如做美妆类的产品，如果问询的都是男性客户，则证明客户不够精准，转化时会增加销售团队的沟通成本。判断客户是否精准，要看客户在评论区里是否直接询价、求链接，或查看客户是否发私信、点关注。

- 丰富话术：在引流时，要尽可能"变着花儿"地组织话术。第12篇文章分享了很多引流方式，一定不要反复使用一种，以免被平台屏蔽。
- 利用朋友圈：朋友圈的包装极其重要，要积极发布内容，如果朋友圈一片空白，很难吸引客户成交。
- 注重营销：私域变现很需要专职的销售人员，无论何种类型的产品，都需要一套完善的促进成交的流程。

广告变现

广告变现很适合个人博主和MCN公司。广告变现需要增加曝光量，打造高粉丝量账号，这样才能被品牌看到。这也是广告变现和私域变现最大的不同，私域变现可以不用太关注粉丝量，而需要关注引流数据和变现情况。广告变现的特征如下。

- 前期投入大，周期长

如果要通过广告变现，时间维度要拉到半年以上，因为广告变现依赖粉丝量，而粉丝量是需要时间积累的。小红书的广告变现对粉丝量的要求比其他平台宽松很多，比如美妆这个品类，即便博主只有几百个粉丝，品牌还是会找他。但如果想要稳定的客单，还是要有可观的粉丝量，且有成功的推广案例。不建议企业通过广告来变现，时间周期偏长，除非是做传播、做MCN出身的。

- 对内容创作能力要求很高

广告变现对内容创作能力的要求,甚至高到"内卷"的程度。私域变现本质上是你有产品,在找客户的过程中要围绕产品去写软文。但广告变现不同,博主必须每时每刻燃烧自己挖掘选题,要有 100 分的内容创作能力,这个能力大部分是天生的,如果不具备这样的能力,极难成功。

- 供应链短

广告变现的好处是供应链短,一个人就能完成。

- 方向、定位很重要

对于广告变现,如果方向不对,等于努力白费。比如说做美妆、数码、母婴品类,确实更容易变现,但同行竞争也很激烈。但其他赛道,如科普、搞笑类,变现又很难,因为广告主的产品不容易植入。有人可能会说,抖音上的搞笑博主@疯狂小杨哥变现很理想啊。但这种概率堪比中大额彩票,普通人又有几个能靠买彩票赚钱呢?

店铺变现

在小红书中可以开店,店铺类型一共有 4 种:个人店、个体工商户店、普通企业店、专卖店/旗舰店,大致如图 14-1 所示。

- 个人店申请不难,支持大部分常见类目,只需要提供姓名、手机号、身份证件信息,并进行人脸认证即可。还需要缴纳 1000 元保证金。个人店铺的商品范畴又分为普通商品和露营等户外服务。

- 个体工商户店支持除保健品、医药外的大部分类目。开店需要提供运营者身份证、个体工商户营业执照。开设个体工商户店需要缴纳 1000 元保证金。
- 普通企业店支持除保健品、医药外的大部分类目。开店需要提供运营者身份证、企业工商户营业执照。开设普通企业店需要缴纳 2000~50000 元保证金。
- 专卖店/旗舰店支持所有类目。开店需要提供运营者身份证、品牌授权、企业工商户营业执照等。开设专卖店/旗舰店需要缴纳 20000 元以上的保证金。

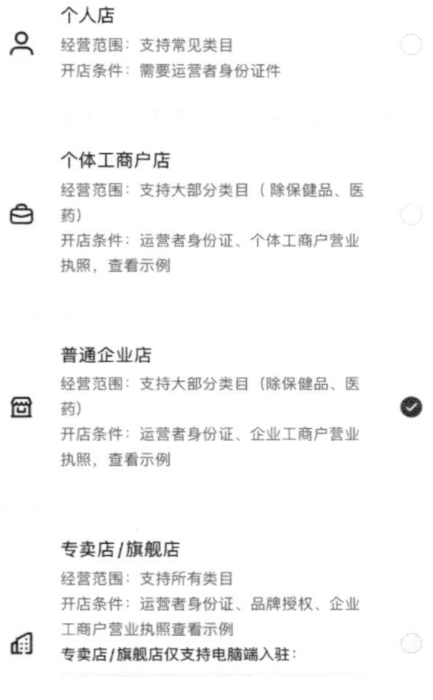

图 14-1

在小红书开店，一般需缴纳保证金、技术服务费，并支付渠道费。技术服务费是指小红书向商家提供技术服务所收取的费用，即佣金，一般为交易额的 5%（交易额小于 10000 元时有免佣金活动，个别类目除外）；渠道费是指第三方支付机构（如微信支付）收取的服务费，一般为交易额的 0.7%。

在小红书中，一张身份证可以开设一家店铺，一张营业执照最多可以开设三家店铺。一个品牌只能开设一家旗舰店，但可以开设多家不同类型的店铺，比如开一家旗舰店，开一家专卖店，再开一家普通企业店。如果没有营业执照，可以在认证专业号时选择个人身份，开设个人店。

在小红书中开店时，直接按照路径"我"—"创作中心"—"更多服务"—"店铺"—"我要入驻"—"选择店铺类型"，即可一步步提交信息。平台审核需 1~5 个工作日，审核后签合同、缴纳保证金，即开店成功。

小红书店铺从 2023 年第一季度后，逐步成为所谓的"风口"，但在这里我建议不要"人云亦云"，还是要抓住自己的核心优势。另外，我不建议选择无货源模式开店，无货源的变现之路还是比较长的。

直播变现

自董洁在小红书通过直播成功变现之后，直播一直是平台想要重点发力的方向。目前只有用身份证完成实名认证才可以开直播。但目前小红书直播变现的效率还比较低，不排除未来变现效果会变好。

我们认为，目前直播变现效率低主要有以下两个原因。

- 用户习惯还没养成。这是由于小红书日活用户数还不够多，用户一天不打开微信会很不习惯，但一天不打开小红书倒也可以忍受。习惯养成非一日之功。
- 流量分配比较差。小红书的推荐页是双列展示的，导致用户在刷小红书的时候，沉浸感并没有刷抖音那么强，因此也没有获得流量倾向。平台目前已经在加快直播的流量分配，希望在不久的将来会有突破。

当然，在小红书直播也有两个优势，具体如下。

- 用户优质。不需要像抖音一样用低价产品吸引客户，同时能够提升商家的利润。
- 用户停留时间长。小红书的推荐机制、用户调性、双列展示属性等，使得用户只要进入小红书，停留时间相对会更长，停留时间越长，用户成交的概率越大。

第四部分 高阶篇

爆款背后，实现批量复制

这部分将从更高阶的玩法入手，教大家如何批量运营账号。内容涉及以下方面。

- 用户心理
- 数据分析
- 团队管理
- 运营模型

15 用户心理：小红书用户心智洞察

要想在小红书平台大规模运营账号、实现变现，免不了跟大量用户打交道，因此，了解用户心理便尤为重要。

场域理论

根据相关数据显示，小红书月活用户数超过 2.5 亿，72% 的用户为 90 后，50% 的用户来自一二线城市，12% 的用户来自海外，日活用户数超过 8 千万，用户男女比例为 3∶7。但仅用几个词汇、几组数据描绘小红书社区众生，是容易以偏概全的。

20 世纪初，法国社会学家皮埃尔·布迪厄提出"场域理论"，指出人的行为会被场域改变，且改变后的行为能够让人们在该场域中舒适地待着。场域是某种被赋予了特定引力的关系构型，这种引力被强加在所有进入该场域的客体和行动者身上。

人置身于不同场域，他的消费习惯、行为特征会被改变得很明显。小红书也是一个场域，其社区属性使这个场域中的人具有某些统一性。在小红书，人们会表现得充满购买欲，很现实主义；而在 B 站、抖音等场域，人们表现出来的是另外的状态。

小红书像一个高端商场，人一旦进了这个商场，就会被商场的氛围所吸引，情不自禁地想要"买买买"。

小红书的用户结构与人群特征

正如上面所述,仅仅用几个词汇、几组数据来描绘社区众生,是以偏概全的。但我们还是可以基于现有数据提取出几个典型的小红书用户的特征。

根据千瓜数据提供的报告,小红书平台聚集了6大主流人群:Z世代、新锐白领、都市潮人、单身贵族、精致妈妈和享乐一族。这些人具备4大行为特征。

- 爱尝鲜。他们喜欢尝试新鲜的事物,如户外露营、早C晚A、收集冰墩墩等,这些都在小红书兴起并流行。
- 爱生活。小红书平台自2017—2018年间便从"找到全世界的好东西"向着"发现全世界的好生活"发展。在小红书里,我们不仅能买东西,还能享受丰富多彩的生活。
- 高消费力。数据显示,小红书用户每个月的平均消费支出是4100元左右。用户的购买力高、需求旺盛且愿意为生活品质的提升而投入资本。
- 爱分享。小红书用户都在积极分享自己的生活。数据显示,"生活方式引领者"博主数量的同比增长速度为222%,覆盖超过25个品类,提供了丰富多元的当代生活样本。

小红书平台主流人群的共同特征是,可支配收入相对充沛,比较符合社会主流消费人群的画像。凯恩斯讲到,在经济低迷时期,消费是最大的美德。作为国民经济的三驾马车,消费是促进国民经济发展的重要力量,因此我们要狠狠把握住这一人群特征,我们要做的事情就是在小红书上找到精准客户实现变现!

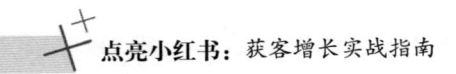

如何洞察小红书用户的心智

在线上,用户的所有行为都会被记录成数据,对这些数据进行分析,即可洞察小红书用户的心智。此时我们会看到,除了上面所讲的 6 大主流人群,还有很多人群模型、人群偏好值得挖掘。

洞察小红书用户的心智,我们可以选择以下方式。

1. 行业月报

每个月,小红书的商业化部门都会发布"行业月报",数据来自"小红书商业数据中台",是官方权威数据。我以一份行业月报为例,和大家一起洞察小红书用户的心智。

图 15-1 为我在《小红书 2023 年家居家装行业月报(3 月)》中截取的一部分,从图中可以看出,小红书的家居家装行业搜索及高活跃用户以女性用户为主导,女性用户占比 73%,23~35 岁用户占比 45%,一二线城市用户占比 64%。

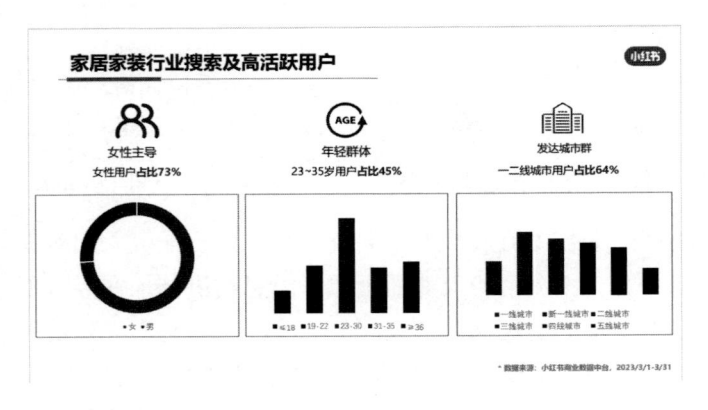

图 15-1

爆款背后，实现批量复制 **高阶篇**

基于上述分析，家居家装从业者如果想运营小红书，便可以考虑这几种情况：账号运营者选择女性，因为女性最懂女性；年龄不宜过大，因为这样才会更懂年轻群体的痛点和需求；二线以下城市从业者要考虑是否适合运营小红书，身边刷小红书的用户多不多。用户不多，运营小红书效果不一定好；但用户量少，竞争者也少，精准客户多，此时入场就是蓝海，红利很大。关于这一点，要学会辩证分析。

图 15-2 是我截取的第二张图，从图中可以看到，用户需求主要集中在装修、卧室装修、客厅装修、全屋定制等方面；而在房型上，小户型装修用户需求最大，由于一二线城市的用户购房面积有限，因此装修公司在产品分布上如果能提供小户型装修解决方案，就会获得更多客源；在装修风格上，奶油风、原木风、新中式风等词语的热度较高，这也反向告诉装修公司在风格上要有什么倾向。

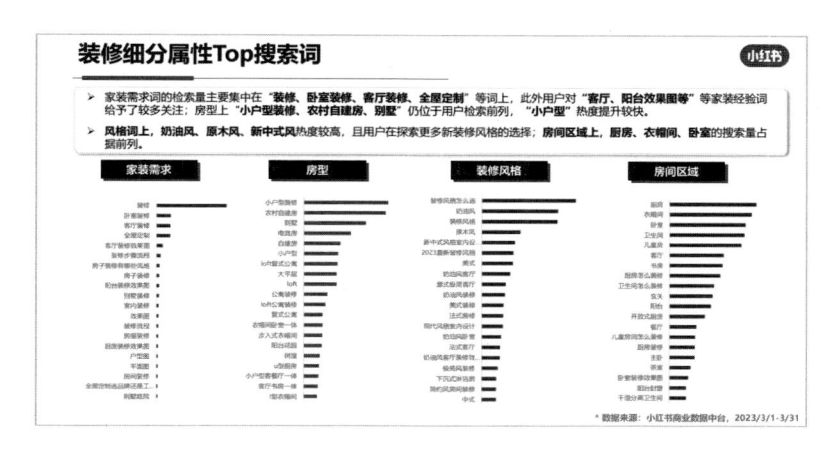

图 15-2

145

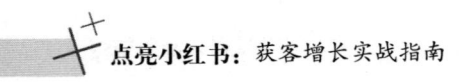

2. 评论区挖掘

在第 09 篇文章中，我们介绍过如何在评论区找关键词，洞察用户心智也可以依靠评论区。

在小红书中有一些社区"黑话"，能把客户需求直接暴露在商家面前，比如礼貌询价、怎么领、求带，我们以这三个词为例来看看其背后的用户心智是什么样的。

（1）礼貌询价

我有一个做珠宝业务的客户，他很想知道，什么样的珠宝产品在小红书中最受欢迎，什么样的珠宝产品能真正被卖出去而不是只被点赞。

于是我们打开了千瓜数据，选择"热门笔记"—"按笔记评论搜索"，在其中搜索"礼貌询价"，并在笔记分类处选择"珠宝配饰"，显示了近 1 个月内的数据情况，如图 15-3 所示。

图 15-3

系统显示，近 1 个月内，有 124 篇关于"珠宝配饰"的笔记下面有"礼貌询价"这样的评论。根据千瓜给定的这些笔记，我们就能发现什么样的珠宝产品在小红书中受欢迎，以及用户想为什么样的珠宝产品付费。

"礼貌询价"这个词，除了适用于珠宝配饰品类，还适用于大部分有货源且想在小红书开辟新渠道的品类，比如服饰、洗护、家装等，和"礼貌询价"类似的词还有多少钱、怎么收费、多少米、怎么买、礼貌问价、哪里买等。

（2）怎么领

我们有一位做教育培训的客户，主要面向教师资格证考试。他自己做了很多资料，想通过送资料在小红书吸引精准粉丝。

我们可以按照和前面一样的流程，在搜索框中输入"怎么领"，选择"教育-教资"品类，显示近1个月内的数据。有38篇有关教师资格证的笔记下面出现了"怎么领"这个词。如果要找低粉丝量爆款帖子对标模仿，筛选粉丝量<1000的账号，直接模仿即可。

"怎么领"这个词，除了适用于教育培训品类，还适用于手机游戏、明星周边等品类，和"怎么领"类似的词还有想要、如何领取、真的领到了等。

（3）求带

"求带"也是明显的小红书社区黑话。外行人在刷小红书的时候看到这个词可能会有些莫名其妙，但这个词其实能十分精准地传达需求。

"求带"这个词，除了适用于副业培训领域，还适用于大部分培训、金融理财、美食测评等领域，和它类似的词还有怎么学、

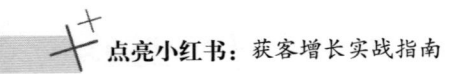

想学、怎么参加、求组团、申请加入等。

3. 黑马词、蓝海词挖掘

我们还可以在聚光平台的"关键词规划工具"和5118的"小红书关键词挖掘"中来挖掘用户需求，洞察用户心智。

第09篇文章介绍过聚光平台的"以词推词"功能，能看到很多黑马词，即流量呈显著上升趋势的词。流量上升代表用户需求上升。比如，每年春天，小红书中"露营设备"这个词的搜索量就会暴涨，因为季节性特点会带给人生理与心理需要。

再精细一点，我们还能看到很多蓝海词，即流量大但目前竞争不激烈的词，从供需关系上来说，这就属于供需错配、供不应求。抓住这个机会适时推出产品，自然就能吃到用户需求红利。

在5118上使用"小红书关键词挖掘"也是一样的原理。

做运营，用好工具很重要，它能大大提升效率，同时更深层次地挖掘用户需求，洞察用户心智。当我们通过工具筛选出"关键词"进而发现机会时，不管有没有同行在做，都可以小心求证，万一这是一个不错的机会呢？属于普通创业者的小机会，正是在这样不断洞察用户心智、挖掘用户需求的过程中被发现的。

16　数据分析：起号率70%以上的秘诀

做所有新媒体平台的账号运营都需要具备数据分析能力，只有不断去分析过往数据，才能知道账号未来的方向在哪里：哪里需要提升改进，什么问题需要规避。

目前我们团队的起号①率能达到70%以上。即使我已经算是相对更懂小红书的人，但团队也做不到100%起号，原因大概如下。

- 小红书起号就像"开盲盒"，天然有账号权重高低之分。权重高的账号起号速度更快，但权重低的账号可能怎么发帖数据都没有起色。因此为了对冲账号天然存在的低权重风险，我们需要通过强养号持续不断向平台发送信号"使用该账号的用户是个真人"。
- 我们团队主要做批量可复制化矩阵，对于一周内数据毫无起色的账号，我们会直接注销再重新注册。

较为成熟的小红书团队，重新起号时会直接注册10个账号。其中大概有三四个账号权重较高，三四个账号数据不太稳定，还有两三个账号怎么操作都无济于事。对于不太稳定的账号，可继续发干货帖增加其权重，也许数据会稳定，也许数据没起色。总体来说，起号成功率能达70%以上，剩下的账号我们会直接注销，

---

① 简单来说就是把账号做起来，即账号具有一定的粉丝量、曝光度、爆款内容和变现能力。

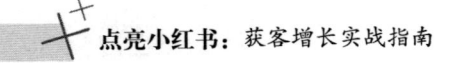

第二天重新注册后执行养号流程。如果有人笃定账号100%能做起来，这是不客观的说法。与此同时，我们在学员的课前沟通时也强调，个人至少需要同时运营两三个账号，不能只做一个账号。

我们讲用多账号来对单个账号、算法进行对冲，主要是想强调增加起号率的方法。但不能都用这种方法，账号起不来就注销，还是要科学起号，而科学起号最主要的技能就是数据分析。

笔记数据分析

1. 单篇笔记分析

找到想要分析的笔记，点击笔记右上角的"…"图标，再选择"数据分析"，即可进入小红书"单篇笔记分析"页面，查看每篇笔记的数据表现情况，如图16-1所示。

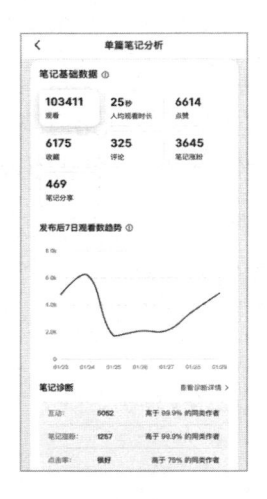

图16-1

根据2023年小红书WILL商业大会发布的数据，达到深度阅读的标准是图文阅读时长超过10秒，或者视频播放时长超过30秒，如果一篇笔记发布12小时内，人均观看图文时长少于10秒（视频播放时长少于30秒），我们要做调整。

- 在文末增加"互动组件"，让用户参与互动，从而增加用户的停留时长，提升笔记的各项数据。
- 修改图文笔记的封面，增加封面信息量和干货程度，从而提升数据，视频笔记不能二次编辑，但是可以吸取经验，在下个视频中调整前30秒内容的信息量和情绪表达。
- 修改正文文案，增加正文里的干货内容，提升数据。

我们要好好利用"笔记诊断"功能（见图16-1下面的部分），根据诊断结果调整封面、评论区互动话术等。一般来说，单篇笔记数据越好，获得首页推荐的概率就越大。

2. 根据笔记判断情况

一篇笔记的数据表现能为我们提供很多有用的信息。

（1）判断笔记是否违规、判断账号是否被限流

如果小红书笔记发布时间已超过12小时，浏览量却只是1、2、3，或者其他个位数，可能是因为笔记违规了，或者账号被限流。此时可以申诉，等待平台审核反馈，并针对反馈做出相应的修改，或对笔记做隐藏、删除操作。但是目前平台审核机制还不够完善，因此可能出现发帖被误判的情况。

（2）判断账号是否权重偏低

一篇笔记发布后，基础浏览量大概会达到 100 以上。如果笔记发布时间已经超过 12 小时，浏览量仍是两位数，那证明该品类竞争激烈或账号权重偏低。

比如，2023 年以来，小红书中的旅游类目一直处于高强度竞争状态，海量的旅行社斥巨资涌入社区，旅游品类几乎被付费商家抢断，不做投流的账号数据骤降，即使换封面、换选题都极难突破。目前我见到的案例里，仅旅游品类出现过这种情况，但未来不排除其他品类在小红书商业化机制完善后，也出现类似情况。

排除竞争激烈，笔记数据温吞基本可以判定是账号权重偏低造成的。此时可以再养一养号，或者多发"干货帖""互动帖"来提升权重，同步养号。当然，对于运营矩阵账号的团队而言，如果一个账号开始运营后连续一周笔记浏览量都低于 100，则可以直接将账号注销，重新注册并执行养号流程，这样效率更高。

（3）判断笔记类型是否值得再发

在小红书的"数据中心"，有"优质笔记"一栏，平台数据会显示，你的哪篇笔记"转粉最多"、哪篇笔记"评论最多"、哪篇笔记"收藏最多""点赞最多"。或者在数据中心的"笔记分析"中选择"按观看量排序"，可查看历史笔记中被观看最多的几篇，如图 16-2 所示。

对于上榜"优质笔记"的，以及观看量排名非常靠前的笔记，我们在后期发布笔记时应该毫不犹豫地模仿起来。这类选题和内容，可以继续发布。已经被平台算法验证过的选题和内容，我们可以放心大胆地重复，榨干选题！

图 16-2

账号数据分析

1. 账号概览

在数据中心选择"账号概览",即可查看"账号基础数据"。通过账号的观看、互动、转化情况,我们可以判断账号的运营状况,如图 16-3 所示。剖析账号的运营状况,我们需要关注以下指标。注:这部分内容在 06 篇已经介绍过,这里仅做简单回顾。

- 赞粉比:即点赞数与粉丝数的比值,赞粉比越接近 1,说明账号内容越有吸引力。行业一般认为赞粉比大于 8 的帖子为爆款帖。帖子赞粉比越高,后期曝光量越高,流量采买的成本越低。

- 赞藏比:即点赞数与收藏数的比值。赞藏比小于 1 说明帖子干货多、信息密度大、收藏价值高,如知识类帖子。赞藏比大于 1 说明帖子引发的情绪共鸣大于收藏价值,比如美照类帖子。

- 互动率：即点赞数、收藏数、评论数之和与浏览量的比值。行业一般认为，一篇优秀的帖子，互动率一般在5%以上，互动率越高，帖子获得流量推荐的机会就越大。一般认为互动率超过15%的帖子会被不断推荐。我们团队的账号发布的帖子，比较优秀的能获得9.5%的互动率。

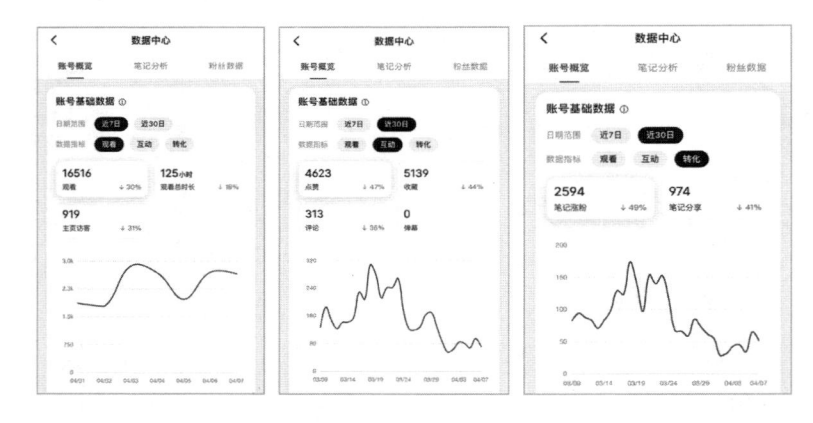

图 16-3

2. 观众来源分析

"观众来源分析"在数据中心的"账号概览"下面，能帮助判断账号的观众来源，如图 16-4 所示。这部分内容也在 06 篇文章中介绍过，这里带大家回顾一下。

其中"首页推荐"占观众来源比例越高，证明账号正在被算法推荐，流量接下来会向好。若推荐权重下降，则需要从更新频率、选题、内容、封面设计等方面来分析原因，并做相应优化。

"搜索"占观众来源比例越高，说明账号粉丝越多、权重越高。

图 16-4

如果账号没有"首页推荐"这项数据，则证明账号可能被限流，或者最近发布的帖子没被平台收录。如果"首页推荐"和"搜索"两项数据都没有，则证明账号被限流，或者账号刚注册不久。

当用户通过某篇帖子查看账号主页，并查看了该账号的其他帖子时，就会产生"个人主页"数据。粉丝在自己的"关注"页看到某帖子后进行了查看，就会产生"关注页面"数据，这两项数据越好，说明账号对用户的吸引力越大。

当帖子被转发到站外，并被小红书以外的用户通过链接查看时，便会产生"其他来源"数据。该数据越好，证明账号可被分享的优点越多，账号越权威。

3. 粉丝数据分析

按照"数据中心"—"粉丝数据"—"忠实互动粉丝"路径，可以查看近 7 日、近 30 日的高频互动粉丝。一般来说，能一直关注你的，除了同行，就是精准客户。所以高频互动粉丝值得我们鉴别，如果觉得是同行，怕恶意竞争，可以把他拉黑；如果觉得是精准客户，可以发私信将其引流到私域并变现。在做账号时切忌"自嗨"，进行粉丝分析的时候要注意看他们的年龄分布、城市分布、兴趣分布等，如图16-5所示。

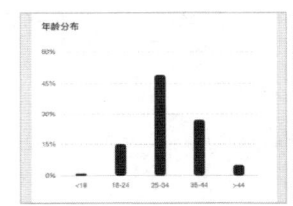

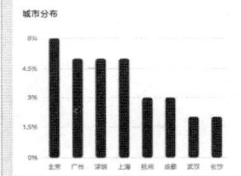

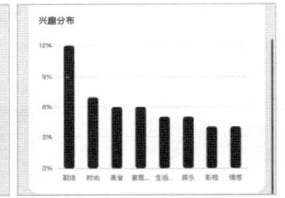

图 16-5

比如我们团队的业务是做小红书培训，客户人群主要是企业主和企业业务负责人，因此我们会筛掉未成年人及18~24岁年龄段的人群，因为这群人大概率无法成为企业负责人。同时要关注城市分布，小红书用户大多集中在一二线城市，做账号时要注意覆盖一二线城市粉丝的需求。兴趣分布代表粉丝目前的兴趣领域，在发帖的过程中也要研究这些粉丝感兴趣的领域，知道怎么去"蹭"不同领域的流量。

竞品/对标账号数据分析与追踪

在分析竞品或对标账号的数据时，小红书目前提供的数据远远不够，因为竞品账号的后台数据我们无法看见，此时就要借助工具，如千瓜。如果要分析某大号的数据，在千瓜后台大概率可以直接查看；如果要分析垂直行业账号的数据，可以用千瓜抓取该账号数据，12 小时后可查看。但千瓜提供的数据有时也会不准确，需要我们小心验证。

1. 账号、笔记分析

以我们团队的某账号为例，用千瓜抓取该账号新增数据，如图 16-6 所示，据此能判定对标账号大概处于什么水准，如果想赶超，需要在哪些指标上下功夫。比如图中账号涨势明显的指标都值得学习，而下降明显的指标则值得研究，吸取教训。

新增数据					
新增粉丝	发布笔记	新增点赞	新增收藏	新增评论	新增分享
1.86万	91	3.99万	4.52万	633	1,444
+425.97%	推广笔记 0 篇	+38.53%	+300.25%	-42.01%	+60.64%

图 16-6

再来查看该账号某段时间内的整体趋势分析（粉丝趋势、点赞趋势、收藏趋势、评论趋势），如图 16-7 所示。

该账号在 2 月末，粉丝、点赞、收藏、评论都有一次大爆发（有明显的峰值），说明账号在那时有爆款帖。我们可以查看这个爆款帖是什么，能否模仿，分析模仿后能否给账号带来增量。

再查看该账号的"种草内容及评论分析"，如图 16-8 所示。如果我们要对标该账号，查看这个数据还是很有必要的，可以引导账号评论区多出现"求带"等高频词语。

还可查看笔记"数据概览"和"笔记涵盖热搜词"，如图 16-9 所示。如果要模仿该账号的笔记，也需要涵盖这些热搜词。

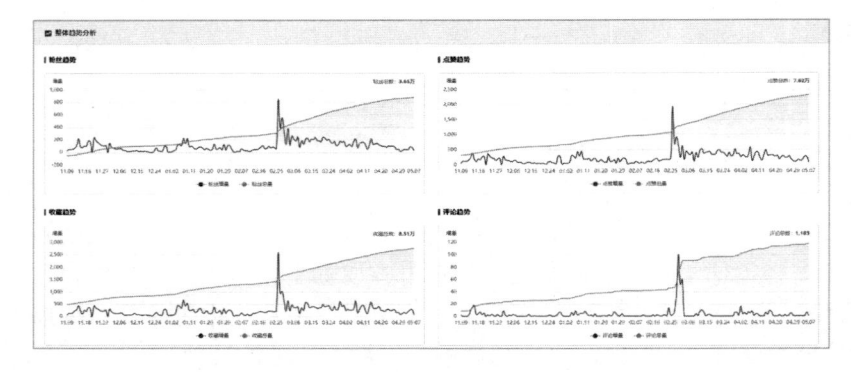

图 16-7

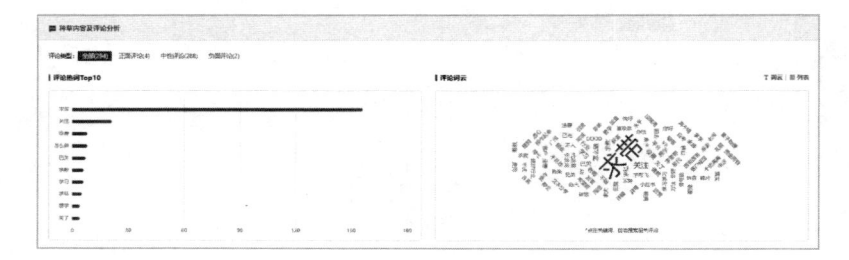

图 16-8

图 16-9

2. 粉丝分析

千瓜数据可以提供账号的粉丝总数、粉丝画像、人群标签等粉丝信息。以其中某几个维度为例，该账号的粉丝年龄主要集中在 25~34 岁，占比 43.85%，粉丝最活跃的时间是 14 点，粉丝互动偏好领域是家装家居、装修、婚嫁，如图 16-10 所示。

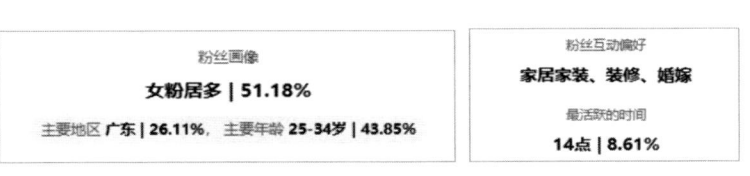

图 16-10

那么在对标模仿的时候就需要考虑：25~34 岁的人群，是否也是我们的客户人群，发帖时间上可以比 14 点提前半小时，给平台算法审核预留时间，发帖内容尽量往粉丝互动偏好上靠。

粉丝手机品牌分布也非常值得注意，如图 16-11 所示。因为小红书会根据账号手机的型号来推荐内容。

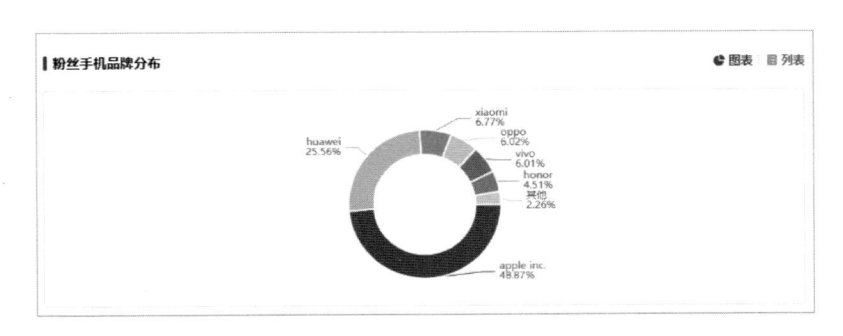

图 16-11

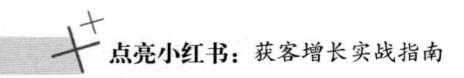

比如，我们团队运营账号使用苹果手机，那么平台就会相应地给我们推荐使用苹果手机刷小红书的用户。因此，要想"服务"高端人群，必须使用高端手机，这是算法决定的。

行业数据追踪

1. 通过千瓜来查看行业数据

千瓜平台不仅能提供关于账号的各维度数据，还能分析行业数据，进行内容洞察。

（1）行业流量大盘

行业流量大盘是运营者需要关心的重点。千瓜上的显示界面大概如图 16-12 所示，页面中会显示"笔记总数""爆文总数"等细节数据。

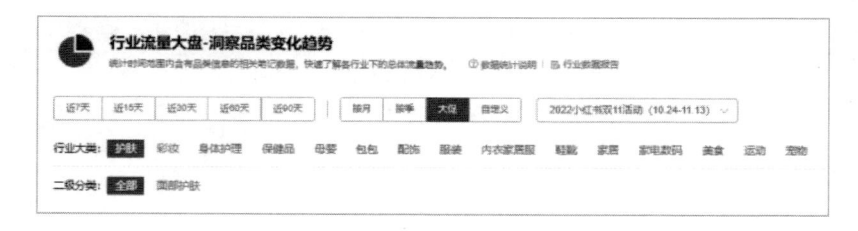

图 16-12

分析行业流量可以帮助我们抓住行业热点时机。比如做公务员考试品类，赶上"国考""省考"两大时间节点发布热点内容，潮水般的流量便会应运而生，这里的"运"就是指行业热点时机。我们有来自各行各业的客户，因此养成了不定期查看行业流量大盘的习惯，经常分析各行各业何时会有起势，也可以理智分析数据下降的原因。举个例子，2022年6月，小红书账号数据整体很差，很多团队直接退出，我们研究了行业流量大盘，发现原因：6月正好是"618"关键节点，小红书会把流量集中分发给电商和付费客户，这会导致自然流账号的流量骤降，这时没必要和电商公司抢流量，抢也抢不过，耐心等待就好。结果一到7月，流量果然就恢复了。

（2）内容洞察大盘

千瓜的内容洞察大盘可以帮助我们了解行业内当前关注度较高与增长速度较快的内容。以服装行业为例，显示行业关键词有多重维度，比如查看服装行业近期的明星词，如图16-13所示。

图 16-13

明星词就是目前行业关注度高且增长速度快的关键词，多用明星词有助于打造爆款。本篇写作时正值2023年5月，服装品类明星词中包括"回弹力"，此时服装品类账号发帖就不能错过这个词，如果能打造一篇有关"回弹力"的笔记，火的概率会更高。

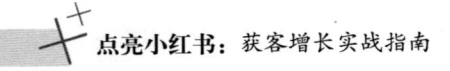

还可以查看潜力词，即在行业内增速快但目前关注度相对低一些的关键词（也称"蓝海词"）。如果想要找到突破口，围绕这些词去研发产品和打造笔记会靠谱很多。还以服装行业为例，可以围绕"QQ 弹弹"这样的潜力词发布笔记，如图 16-14 所示。

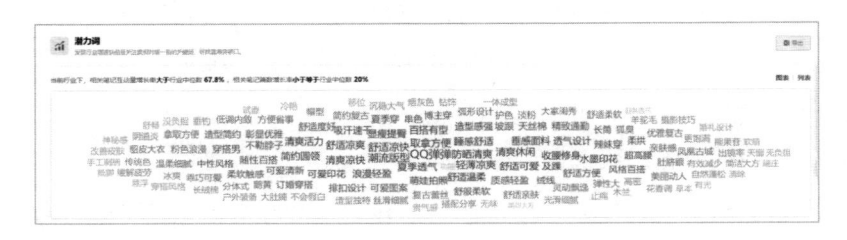

图 16-14

还要关注问题词，了解当前行业的竞争红海，及时调整营销及内容投放策略。如图 16-15 所示，服装行业中"V 领显瘦"这个词是问题词，证明在笔记中使用这个词竞争比较激烈，如果要用这个词，可能要增加营销预算，不然很可能竞争不过对手。

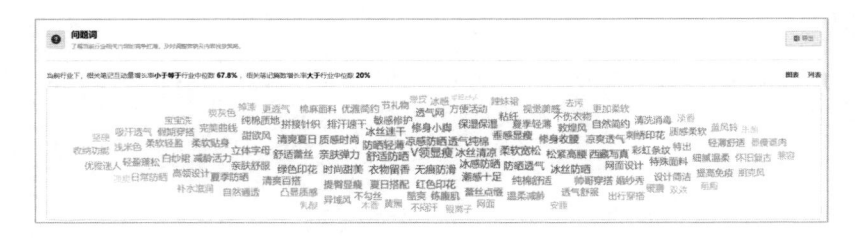

图 16-15

（3）热搜词榜

可以在热搜词榜查看"热词增量榜"和"热词总量榜"，做小红书最需要注意的是"热词增量榜"，它散发的信号是：此处

有可挖掘的流量。截取部分页面，如图 16-16 所示

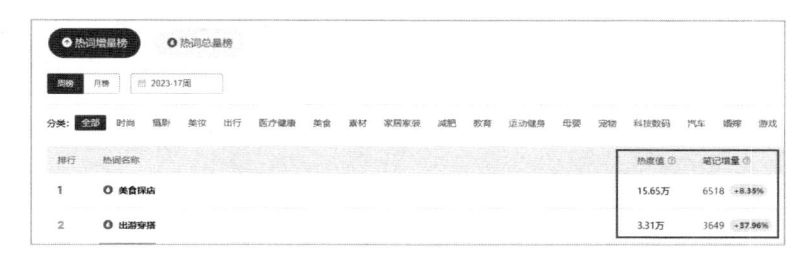

图 16-16

（4）热门话题榜

"热门话题榜"是"蹭"流量的好地方。在小红书笔记下面添加话题可以提高笔记被收录的概率，热门话题有利于帮助笔记获得话题下的流量，但流量竞争也更大。运营者除了把"话题增量榜"里的话题加上，还可以加上"流量扶持榜"中的话题，获得平台的流量加持，也可以在小红书"笔记灵感"里选择任一灵感，也能获得流量加持。截取部分页面，如图 16-17 所示。

图 16-17

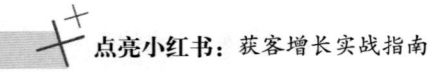

（5）每周热点

关注热点、追热点是运营者的使命。千瓜整理的"每周热点"会显示最近用户最爱看、最爱搜的话题，帮运营者了解流量趋势，如图 16-18 所示。

图 16-18

2. 关键词规划工具和 5118

除了千瓜，关键词规划工具和 5118 也可以帮助追踪行业数据，第 09 篇文章有过比较详细的介绍，这里不再赘述。

17 团队管理：组建可复制的小红书运营团队

首先声明，本篇理念可能不适合所有人。

我个人从 2017 年开始带团队，真正开始觉得团队需要管理是在 2021 年，那时团队中有上百人，不管理就会分崩离析。在我看来，管理者只有在遇到管理窘境，比如管不了人、管不住人、留不下人、炒不掉人时，才会学习团队管理。

如果你只是一名独立的小红书运营者，无须面临上述问题，可以跳过本篇。另外，如果你需要管理数千人的大团队，也无须阅读本篇，因为我在团队管理方面还很稚嫩，比如我一度不接受公司有年龄比我大的员工（本书写作时，我 30 岁），怕自己管理不了。我出身互联网公司，比较推崇平等和"简单可依赖"文化，所以宁愿选择履历背景比较单纯的年轻人。

话说回来，如果你是新媒体初创团队的管理者、小企业主，也遇到了管理困境，那么推荐阅读本篇内容。

新媒体团队兴起的原因

1. 平台基础设施完善

在新媒体平台兴起之前，市面上常见的获客方式有以下几种。

(1) 地推和渠道

这是很古早的玩法，但直至今天依然可用。阿里巴巴早期的供应商是靠干嘉伟、程维这样的销售人员一家一家聊来的。美团早期开拓商家也是干嘉伟带领一群人一条街一条街"扫"出来的。这就是所谓的地推。地推没有门槛，干的活也非常基础，但需要执行力非常强、野性非常足的团队。早期的携程、阿里巴巴和美团，都是如此操作的。

常见的渠道有分公司、分校、渠道商、加盟商等。以中公教育为例，其顶尖能力在于"做渠道"，中公教育能把分校、学习中心开到县城里面，最多的时候开设了1800多个分校和学习中心，遍布全国。

(2) 百度竞价

当百度占据流量分发中心位置的时候，很多企业开始做百度竞价和 SEO（搜索引擎优化）。因为除了在百度，企业找不到更好的渠道获客。很多做旅游、家装的企业，第一次接触互联网就是做百度竞价。但随着百度在流量分发赛道的位置一降再降，百度竞价也不再是一个非常理想的获客方式了。

随着移动互联网时代的到来，微信占据了用户更多的时间，大家又开始做微信公众号。而后新媒体平台陆续出现，平台的基础设施变得越来越完善，提供了线上打广告、获客、变现、售后等全流程业务，因此大家又开始做抖音、做小红书……

随着新媒体平台的火爆，和线上获客业务规模越来越大，单打独斗会很吃力，新媒体团队自然而然组建起来。更多的人各展所长，能够更好地为新媒体业务赋能，新媒体团队自然兴起。

不同于我们上面介绍的两种传统获客方式,在线上获客引流,要在以下 3 方面发力。

- 内容:内容是撬动流量的最大利器。因为在互联网上,所有人都要消费内容。"得到"的创始人罗振宇提出了一个概念——国民总时间,认为时间将成为商业的最终战场,谁能抓住用户时间,谁的获利就大。现在无论是小红书还是抖音,都是消磨时间的利器,而内容好坏决定了用户投入时间的长短。
- 工具:小程序、App 等。移动互联网早期,各平台基础设施还不完善,人们需要借助工具达成自己的目标,因此工具能带来流量。但平台基础设施完善后,这种红利下降。
- 广告:广告获客引流简单直接,在小红书中,有信息流、搜索广告,但很多小企业并没有足够的预算来投放广告。

2. 需求端:每个企业都要从线上获客

各大平台都在不断"争取"用户的时间,而用户总时间是一定的,花在线上的时间多了,花在线下的时间自然就会减少。因此,企业也要从线上获客。

但自研线上工具需要研发团队,大部分企业不一定会配备。而投放广告也越来越"卷"。在投放圈有一句话:永远是今天的流量最便宜。不管是出于平台盈利的目的,还是因为企业竞争激烈导致的"内卷",最终,流量成本会越来越高。

因此,企业要想线上获客,运营新媒体账号成了性价比最高的方式,企业只要组建新媒体团队,好好利用新媒体平台,把账号流量做起来，就可以花更少的钱，获更精准的客，既不用自研工具，也不用将大把的钱用于投放广告。

3. 供给端：大量受过教育的年轻人想入场

从供给端来说，大量的年轻人想找一份体面、薪资不错的白领工作。以我所在的长沙为例，每年有80余万名毕业生涌入职场，其中大部分人来自高职院校或普通本科院校。年轻人大多不想当蓝领，不想去工厂拧螺丝、擦玻璃，他们有自己的个性化需求和期待。

新媒体工作就是能为这些年轻人提供机会的工作，每天坐在电脑边，出入写字楼，还能发挥专长，拿到不错的薪资。新媒体行业也欢迎年轻人，因为他们最具"网感"，符合互联网行业从业者的特质。

但不要把新媒体工作看得太"高大上"，如果新媒体从业者都把自己当作创作者，那一定是不能组建团队的。我们要把视线放平，回归本质。做新媒体账号本质上是在线上发传单，像招聘地推人员一样招聘新媒体团队成员，组建团队便会容易一些。

管理学上讲，人是不可控的，但是把人放到流水线上做到极致流程化，便会相对容易管理。因此，我们团队负责做账号运营的员工只需要把流量引导到销售微信上；销售端员工无须拓客，只需要与客户沟通……只有将流程化、标准化做到极致，对年轻员工的要求才没有那么高，组建可复制的小红书运营团队才会成为现实。

新媒体团队的"选育用留汰"

1. 选人

新媒体团队组建之初要选人,这里面有很多讲究,下面我们围绕选人的几个关键要素进行说明。

(1)从哪里选

选人首先要解决**从哪里选**的问题。以我们团队目前的经验来看,初级员工从"Boss直聘"这样的招聘网站选择即可,有条件的也可以去大专院校进行校招。对于高阶员工,更倾向于他人推荐和学员挖掘,优秀人才可以直接成为团队管理者。要警惕,如果一个人在招聘网站上标价很高,很可能是虚高。因为市面上的能人都很"金贵",基本来不及流通到招聘市场就会被挖走。

在招聘网站上招人时,**招聘岗位写什么**也很关键。最好写"新媒体运营",写"小红书运营"会略显小众,写"内容编辑"吸引力较弱。我们测试过,对于同样的岗位,招聘"新媒体运营"时有2000人进一步沟通,而招聘"内容编辑"时则不到100人。

不管是否在招聘,**岗位最好常年挂着**。这样可以通过面试锻炼自己对流量的敏感度。一旦发现哪个公司推出了新玩法,就对标那个公司去招人,开出更好的待遇,把人约过来聊聊,相互取经,交叉验证,熟悉新玩法。

(2)选什么人

选择初级员工时,尽量选没有经验的"白纸",这样的人,培训起来反而简单,也容易看出他是否具有新媒体运营能力。

比如我们团队在招聘时会一次性面试20人，先培训小红书基本玩法，然后布置作业，安排各位面试者试稿，现场进行小红书发帖实战，根据试稿情况，选择基本能力达标的面试者进入业务部门面试。这样降低了选人失误的概率。

组建全新的新媒体团队时，建议找有经验的熟手，降低试错成本。面试时问他之前做账号的数据、玩法与变现情况，还要问他之前团队的构成及他在团队中的角色。

对于成熟的新媒体团队，则建议适当引入"小白"，他们没有固化思维，良品率高，也更好管理。面试时，要看他们的聪明程度、对文字的把控力和审美能力。因为小红书平台比较重视封面设计，选人时可优先选择设计、新媒体、电商、美术专业的学生，这群学生整体审美能力偏高，还具备基础的传播学知识。

（3）给多少钱

在招聘的时候，不要只写底薪，要写全部薪资，这样对于求职者来说吸引力更大。如果公司规模不大，更要在详情页将福利待遇写得详细，方便求职者了解，节省双方的沟通时间。

我会建议初级员工的基本薪资参照所在城市大专院校应届生的平均水平发放。但薪资构成中可以设置"绩效"，业绩完成得好，自然可以得到更多的奖励。

招聘有经验的熟手，建议溢价。在其之前薪资的基础上增加系数，比如给到1.5倍，甚至2倍。

（4）选多少人

对于新团队来说，招一两个有经验的人就可以，且要"责任到人"。团队早期跑通模型阶段不要超过3人,以免出现"3个和尚没水喝"的情况。

团队模型跑通后需要复制,这时可以单次10人起招。快速筛选合适的人才。对于新媒体团队运营,不要将投入看作成本,而是要将其看作投资。当然,实际情况也得视预算而定。

2. 育人

招聘到合适的人组建成团队后,还要注重对人才的"培育"。

(1) 强培训,有培就有考

新媒体团队成员一定是要经历"强"培训的,且一定要由老板或团队老大亲自上阵,建议每周一次。团队成员中的大部分是新人,培训尤其重要。有培训就要有考试,用于检测培训结果,对于考得好的员工要当面奖励,对于考得不好的则要私下批评。团队、小组负责人则建议每天培训,每天都要站会、追数据,标准要定得高一点。负责人能力强,团队才会优秀。

培训时要讲 3 项内容——未来期许、企业文化、业务流程。对于新人,一定要从两方面告诉他未来的期许:首先是他在公司的晋升途径;其次是新媒体运营这个岗位在职场的晋升路径。企业文化的培训也是很重要的,老板要告诉员工本公司与其他公司的不同。业务流程的培训也很重要,要在入职前就完成。

(2) 强沟通,拉近管理层与员工的距离

新媒体团队需要强沟通,这样才能对齐思想,拉近管理层与员工的距离。我是比较"社恐"的,但我每周会邀请团队的一名员工吃饭,主要听他讲他的生活、工作,适当给一点指导,我也会偶尔讲一讲自己的经历和故事给他，加深他对我的了解。

我们团队每个季度会按部门进行一次团建。团建不讲工作，就是做做活动，吃好喝好。年轻人很讨厌在吃喝玩乐的场合谈工作、受教育，团建的目的是方便成员彼此了解，建立熟悉、信任，要想达到这个目的，一定不能借助说教。

我还会时不时给团队成员买茶颜悦色（我们长沙本地的知名饮料品牌），一年里给团队买奶茶要花费2万余元。但年轻人喜欢这种方式，对我来说成本也不高。

（3）立典型，不那么好的典型也是典型

立典型非常重要。在团队组建初期，即便所有人都达不到公司的期许，也要"矮子里面拔将军"，对表现相对较好的员工，当众表扬、当众奖励。团队成员间形成"攀比"和良性竞争，能够促进团队的整体进步。

（4）搭建企业知识库

搭建企业知识库很重要。企业知识库搭建起来后，团队的培训能慢慢脱离人治，变成标准化、专业化内容。企业知识库可以帮助实现知识共享，进而增强团队协作。

3. 用人

用人其实就是让员工能够处于合适的岗位，并发挥自己的长处，反映了团队对人才的使用机制。

（1）人岗匹配

用人里面最重要的是人岗匹配，也就是所谓知人善任。要让新媒体团队成员无条件相信老板是一件特别难的事。我目前的做法是，从员工角度出发分析他的优势、劣势，为其进行职位选择和未来规划。在这个过程中，真诚沟通很重要。

（2）建立奖惩机制与选拔机制

团队要有明确的奖惩机制，且一定得是权、责、利对等的。尤其安排负责人做新业务时，一定要告诉他，他这个业务里面的权利和责任是什么，做好了有什么利益。年轻人很忌讳"画大饼"，刚入职对他们进行远景规划实属为时过早。

另外是建立选拔机制。我们团队中所有的项目负责人都是竞聘上岗的，不看学历，不看资历，只看能力。

（3）扬长避短，以战养兵

用人所有的基础都建立在识人之上，能清晰地知道一个人擅长干什么、不擅长干什么，这很重要。比如，一个人擅长做短视频，你非让他去编辑图文，那他会很难受。再比如，一个人不善于表达，你非要他出镜，想必效果也不会太好。我们用人要学会扬长避短。

阿里巴巴有一个说法——借假修真。何谓假？项目是假的。何谓真？培养人是真的。阿里巴巴希望借着"假"项目来培养一个人及一个团队的"真"能力。同样地，在新媒体运营领域，以战养兵也很重要。人的成长要经历在书上学、向高人学、在事上练的过程，"事上练"即最重要的实操。我们团队鼓励有潜力的员工不断去操盘各种小红书账号，积累项目经验。只有这样，在面对大项目需要全情投入时，团队才会有热情、有能力。

4. 留人

留人就是把人才留住,这对于团队建设很重要。如果一个团队的人员流动大,人心就会涣散,业绩也会受影响。

(1) 薪资福利留人

在留人因素里,最重要的是薪资福利。大家出来工作,目的无非是养家糊口,不赚钱是一个团队留人最大的威胁。

我们团队的项目负责人会分走项目组员工一定比例的提成,因此他们很愿意发展项目组,也很努力地维持组内氛围。对于优秀的员工,要定期给予其晋升机会,让他也能快速迈入项目负责人之列。

薪资的构成要合理,让员工能够有期待。根据员工的工作年限、业务水平的增长,给予其一定程度的薪资上调。同时,其他的福利待遇不能克扣,多听取员工的心声。这些都是留人的关键。

(2) 前景留人

我在给团队做培训时就会告诉大家,岗位的发展前景是什么,未来能赚到多少钱。新人必须知道,他们也有机会成为团队里面优秀的人。而对于团队里优秀、成熟的员工,一刻也不要等待,让他来负责项目,让他明确这个机会对他来说意味着什么。

(3) 文化留人

一个团队的文化极其重要。当代年轻人更注重公平,更在乎老板是否真的关心他们。我一直刻意让团队的氛围是"简单可依赖"的。老板不要天天坐在办公室,尝试坐到员工中间。我在公司有自己的办公室,但我的办公室几乎只用来接待访客,大部分时间我都坐在普通工位，我希望更了解员工，和他们打成一片，也希望这种"轻松平等"的文化能留住更多优秀的年轻人。

5. 淘汰

前面我们主要探讨如何选人、留人，保持团队的稳定，其实适当淘汰并不适合团队的人，及时止损，也很重要。

（1）试用期考核

除故纳新的组织才是好组织。新媒体团队试用期最直接的考核指标就是线索数和引入业绩。线索数反映了过程，而引入业绩反映了结果。即便新媒体运营人员不负责销售，但自己在工作中引入的客户产生了多少销售额，自己得清楚。不建议新媒体团队只考核发帖数、粉丝量、阅读量等，这些数据太像"边角料"。要时刻牢记组建新媒体团队的目的，小企业做业务真的不能有一个闲职，所有人都要围绕团队业绩做事。

一般来说，试用期内第一周可以不设置考核指标，而后每周都应该有考核指标，这些考核指标要白纸黑字写到试用期合同里，如果没有完成，可以根据试用期考核结果淘汰员工。

（2）绩效管理

对于正式员工必须进行绩效管理，这样大家会有更明确的目标和努力方向，而对于长期、频繁绩效考核不合格的员工，可以进行淘汰。

（3）团队制度与客户利益

这里我举两个发生在我们团队的真实案例来说明吧。

员工上班期间"嗦粉"被我开除了，导致我上了热搜，很多人骂我刻薄。我想说的是，早上 9:00 上班，9:30 他还在吃早餐，至少浪费半小时工作时间，且工作状态散漫。团队有制度，对于这种情况，可以解雇员工，那就遵循团队的原则和纪律吧。

还有一件事是，员工私下"撩"客户被我发现，然后被开除了。起因是员工觉得客户非常漂亮，便私下加了客户微信，甚至约客户见面，我知道后当天就把他开除了。因为客户是企业的核心，没有客户就没有一切。我们要服务好客户，维护其利益，这种行为无形间增加了客户利益损失的风险，对于这种行为，团队是零容忍的。

（4）人走要放宽心

团队组建初期，最重要的是筛选合适的项目负责人，跑通变现流程。流程跑通后，人走人留要放宽心，看得淡一些。很难有人会陪你走到最后，因此组建新媒体团队要重点搭建业务流程模型，责任到人，这样当有人离职时也可以有针对性地快速找到其他人顶上。

18 运营模型：百万变现背后的运营思维

偶尔产出爆款可能是运气好，但如果能经常产出爆款，就说明运营者一定对平台与受众有深刻的了解。同样地，少量变现可能是意外，但百万元级别的变现，一定说明运营者对用户心理、运营模型、业务模式有深刻的洞察力。

下面我将与大家分享变现背后的运营思维与运营模型。用好这些模型，对于做小红书运营将有极大的助力。

平台模型

1. CES 流量分发模型

前面我们已经分享过小红书的流量分发逻辑，各位读者可参考图 7-1，这里不再详细说明。

流量分发是符合黑箱理论的，平台不会公开具体的分发逻辑。因此，CES 流量分发模型最大的意义不是指导运营者如何去做，而是帮助运营者理解平台的运营逻辑。

行业内一般认为，CES=点赞数（1 分）+收藏数（1 分）+评论数（4 分）+关注数（8 分）。2023 年，小红书 WILL 商业大会也从官方角度佐证了 CES 的真实性，但对于 CES 的构成，点赞数是一个不太重要的因素。

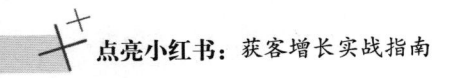

2. "531"模型

如图 18-1 所示,"531"模型即"爆文测试漏斗",主要用于投流测试,在做可复制化矩阵账号时也可以应用(账号数量足够)。

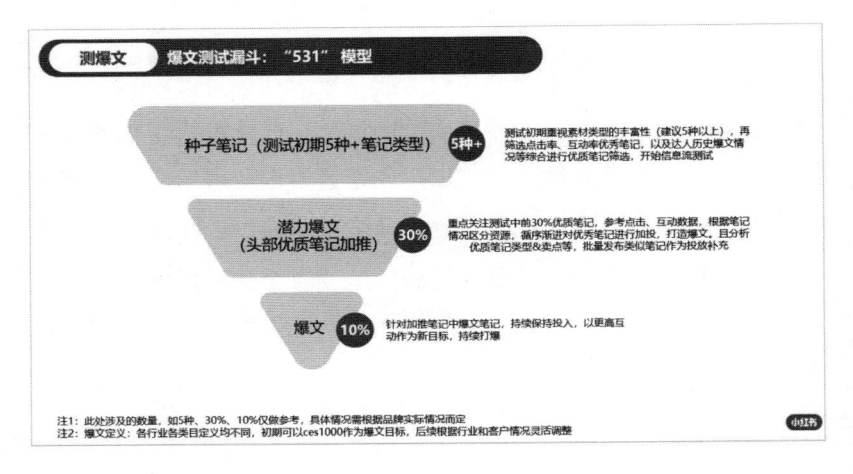

图 18-1

"531"模型适用于所有推荐算法平台,具体解释如下。

- 种子笔记期:在投流测试初期,综合点击率、互动率、达人历史爆文情况,筛选 5 种以上优质笔记类型。

- 潜力爆文期:筛选数据排名前 30%的优质笔记,可进行追加投流;分析笔记类型、卖点,批量发布类似笔记作为投放补充。

- 爆文期:针对前 30%的优质笔记,继续筛选头部 10%,持续投入,把它当作优质素材库留档,方便后续做数据分析、案例打造、案例拆解。

官方发布的"531"模型中的潜力爆文期,从侧面印证了模仿爆款的重要性。不只是投流,在做账号矩阵时同样可以用这个模型:模仿爆款,筛选出前 30%的潜力爆款持续模仿,进而打造前 10%的头部爆款。

3. IDEA 方法论

IDEA 方法论是小红书官方于 2021 年提出的营销方法论。旨在通过对营销各环节进行系统性拆解,帮助企业洞察用户需求,发现蓝海赛道,沉淀品牌资产,其主要内容如图 18-2 所示。

图 18-2

- **Insight:洞察产品机会**,平台会基于数据产品"灵犀"(尚未对外界开放)帮助企业洞察产品机会赛道、目标人群、人群需求、内容趋势和产品口碑。

- **Define:定义产品策略**,平台会基于洞察与内容测试,帮助企业锁定核心产品与营销策略。

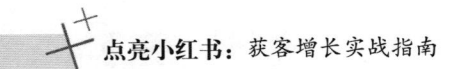

- **Expand：击穿品类赛道**，平台会协助企业精细化人群策略、内容策略运营，通过商业产品组合高效投放，抢占赛道。
- **Advocate：沉淀品牌资产**，平台会协助企业沉淀内容资产、人群资产，知晓客户消费意向，基于产品口碑管理，实现从好产品到好品牌的过渡。

IDEA 被提出时，平台商业化尚处于早期。这个方法论对于很多运营者来说比较"空洞"，它对于普通运营者和小红书生态创业者的作用在于，让大家知晓、判断平台商业化的走向，鉴别平台商业化的阶段，进而调整在平台中变现的方法。

4. TrueInterest 种草值

种草值是表征"深度阅读"和"深度互动"的函数，如图 18-3 所示。

图 18-3

这个概念对于普通的小红书运营者和生态创业者而言不太容易理解，因为其中没有具体的数据。但是这个概念能帮我们理解平台的倾向，指导我们在深度阅读和深度互动两个指标上下功夫。

- 深度阅读是指，图文阅读时长>10 秒，视频观看时长>30 秒，或视频达到完播。
- 深度互动是指，产生收藏、搜索、发表求购评论、分享，以及截图、保存图片等行为，点赞不算在内。

对于小红书平台运营，过去也有很多人提出过其他模型，但大多已石沉大海。以上 4 个模型基本经受住了时间的考验，还是很值得我们去深度研究的。

业务模型

1. 企业业务模型

选品—流量—销售—交付

这是我个人原创的企业业务模型。不管是 B 端企业还是 C 端企业，不管是消费品企业还是培训企业，也不管是实体产品企业还是虚拟产品企业，都离不开这个业务模型。不夸张地说，所有企业都可以套用这个模型。

一般来说，一个企业开始创建时，选品就已经确定。比如我是做小红书培训的，前期就已经制作好了系列课程；再如做文玩石雕的企业，其很早就打磨好了产品，小红书只不过是获客渠道。没有选好品，相当于做业务没有方向，创业将是不靠谱的。

选好业务方向后，马上就要进入流量端。比如在大街上开一家便利店，我们总想挑一个好地段。选址选的就是线下流量。很难想象，便利店没有客源该如何活下去，没有流量基本等于没有一切。在线上开展业务，获取流量更是重中之重。

流量进来，即客源进来，此时马上进入销售环节。不要不好意思卖东西，销售人员可以有自己的节奏，但不能拐弯抹角。每个人的时间都很宝贵，简单直接地筛选客户反而更能创造价值。

对于做实体产品的企业而言，销售产生，交付即产生，售后退换货不过是"边角料"，真正难交付的是产品的研发和制造。但对于课程、服务等线上产品而言，客户付费后，服务才刚开始，所以交付就显得更重要了。交付决定了产品的复购率和口碑，是企业最需要花时间去研究的环节。

2. 引流变现模型

曝光—引流—变现

这也是我原创的模型，除了适用于小红书平台，也适用于其他进行私域引流的公域平台。这个模型符合变现 MVP 理论：当一个账号成功从曝光到引流，再到变现，我们称账号跑通闭环。

- 曝光：曝光跑通最重要的指标是"小眼睛"数据，即浏览量。曝光前先养号，养号后通过模仿最近的爆款，发干货帖或者互动帖提升"小眼睛"数据。

- 引流：当"小眼睛"数据一直很不错时（每篇都在 1000 以上），且粉丝量达到 200，或点赞/收藏量达到 300（部分品类可放宽），可以引导加微信，逐步引流。

- 变现：引流到微信私域后，销售团队马上跟进，实现销售变现。

组织模型

1. 阿米巴经营

阿米巴经营是稻盛和夫在京瓷公司的经营过程中,为实现经营理念而独创的管理办法。他把公司组织划分为被称作"阿米巴"的小集体。各个阿米巴的领导者以自己为核心,自行制订所在阿米巴的工作计划,并依靠阿米巴全体成员的智慧和努力来完成目标。通过这种做法,生产现场的每一位员工都成为主角,主动参与经营,实现"全员参与经营"。

针对阿米巴经营,我是这么理解的:各业务独立核算,各部门独立核算,严控企业的经营成本,严抓企业的经营利润。

我虽然在大公司待过,但没有管理过一家大公司,所以我的经验只对中小企业适用。我们公司目前有 120 名员工,共 3 个业务部门:流量部门、销售部门和交付部门。人事行政部门、财务法务部门是支撑部门。我们公司比较推崇阿米巴经营管理办法。

- 流量部门负责从互联网中获得客户线索,目前我们的客户来源主要是小红书。流量部门只负责公域账号的运营,把客户引流到微信,后面的环节就不需要他们处理了。
- 销售部门不需要去拓展客户,他们负责承接来自流量部门的流量,做销售转化和客户挖掘。他们甚至不需要发朋友圈,所有的销售人员都以我的个人 IP 身份授课,销售人员微信朋友圈的内容也是我本人编辑的。

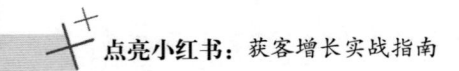

- 交付部门只需要负责服务付费客户,及时应答,帮助客户解决实际的问题,偶尔也会讲授公开课。目前我和我的助教团队在负责交付。

这种管理办法有两个好处:一是团队成员各司其职,互相配合,把员工职能模块化,对参与协作的员工能力要求就不那么高;二是团队上下游能互相监督。当然,不排除所有人一起"摸鱼",因此可以引入竞争,防止这种情况发生。

目前看来,这种运营管理办法是合理的。我们团队总共有三级:员工—负责人—老板。对于流量部门来说,就是小红书运营专员—小红书运营负责人—老板。按照这套逻辑运行,我们的架构链路很清晰,决策链条也很短。

2. 奥卡姆剃刀原理

奥卡姆剃刀原理用一句话总结是:如无必要,勿增实体。

从商业的角度,我是这么理解的:存在即合理,商业模式大道至简。经典的数学公式和商业模式都是大道至简的,市面上很多大企业的商业模式也如此:协作流程越简单,越能吸引更多人参与协作,创造更大的收益。

作为后入局者,想要取代前人,玩法有两种:要么直接模仿前人的商业模式,建造壁垒;要么看看前人的商业模式是否还能简化,企业发展到后期都会阈增,导致尸位素餐,这个时候入局,要尝试去芜存菁,直抓核心。

运营模型

1. A/B 测试和变量控制

A/B 测试也叫对比测试或分桶测试,对于账号运营,即对比两版内容的效果,识别哪一个版本对于用户更具吸引力。字节跳动很推崇这个运营模型。每次有客户问,某两个选题哪个好时,我们会建议都试试。因为在实际运营过程中,某个人说了不算,数据说了算,数据是最客观的。

变量控制即在运营过程中尽可能控制变量,发现问题。控制变量有助于快速定位问题,从而节省问题解决的时间,提高效率。以账号浏览量,即我们常说的"小眼睛"数据为例说明。

- 如果一个新号的"小眼睛"数据是个位数,证明账号被限流、被封禁,此时可以申诉,或将账号注销再重新注册,重新养号。

- 如果一个新号的"小眼睛"数据<100,可以判断账号权重偏低,那基本是养号的问题,此时要继续养号,或者注销账号再重新注册。

- 如果账号小眼睛数据>100,但始终没有爆发式增长,可以判断账号封面、选题有问题。此时先排除选题问题,然后不断测试封面,直到确定账号视觉。

- 如果账号之前数据一直不错,但最近一段时间数据走下坡路,可以判断账号可能被限流或者违规,排除这两个原因后,也可能是因为封面使人审美疲劳,需要更换封面。

2. GMV、LTV、CAC、ROI

GMV 指产品成交总额，计算公式如下。

$$GMV=流量 \times 转化率 \times 客单价 \times 复购率$$

不同行业的 GMV 计算会有所差别。一般而言，一个跑通曝光、引流、变现流程的团队，转化率、客单价、复购率不会有太大变化，最容易提升 GMV 的方法是提升流量。

很多企业纠结于如何提升转化率，但转化率的提升难度较大，如果一个企业的转化率能达到行业平均水准，则不需要太过焦虑。

客单价的提升有助于企业获得更高的利润，但一般来说，客单价比同行高，需要企业证明自己有独特的优势。

复购率的提升需要依赖产品和交付能力，只有产品优秀、交付能力强的企业，其产品的复购率才会可观。通常来说，产品复购率高的企业会将精力聚焦在产品交付端，而在流量获取环节有一定的劣势。几乎很难有在所有环节都能做到滴水不漏的企业。

LTV 指用户终身价值，计算公式如下。

$$LTV=用户数 \times 人均客单价 \times 单用户平均购买次数$$

不同行业的 LTV 计算方式有所不同。LTV 中的用户数包括老客和新客，而客单价和购买次数一般使用平均数据。

CAC 指用户获取成本。线上获客的方式有三种：内容、工具、广告。如果企业是通过内容来获客的，CAC 计算公式如下。

$$CAC=（账号成本+设备成本+人力成本）/新增用户数$$

如果企业是通过工具来获客的，CAC 计算公式如下。

CAC=（研发成本+工具推广成本）/新增用户数

如果企业是通过广告来获客的，CAC 计算公式如下。

CAC=投流成本/新增用户数

通常说来，企业不止一种获客方式，所以 CAC 大部分时候是综合各种情况的数据。

ROI 即投入产出比，各企业有所不同，我们的算法如下。

ROI=GMV/流量成本

一般来说，如此计算 ROI 时，结果达到 2，企业才会盈亏平衡。当 ROI>2 时，企业开始盈利。ROI 越大，企业越挣钱，也意味着可以"通投拉满"，即最大限度投入资金进行营销，企业营销预算越高，利润也越高。

以上几个模型是新媒体时代用到的模型，而类似 AARRR 这类运营模型更适用于 Web、App 时代，不太适用于现在。

3. 二八法则

二八法则也叫帕累托法则或关键少数法则。它是经济学家帕累托在 19 世纪末提出的，其思想是，任何事物的主要结果只取决于一小部分因素（约 20%），其余 80%不产生主要影响。这个定律被广泛应用于社会学及企业管理学等领域。

比如，企业大部分销售额来自 20%的客户，这是企业的二八法则。我个人觉得，世界万物始终遵循二八法则，比如，在小红书的可复制化矩阵里，主要流量来自 20%的账号，并不是说其余 80%的账号不重要，但是我们必须尊重规律，这样才能应用规律。

4. 长尾效应

维基百科资料显示，长尾效应最初由《连线》的总编辑克里斯·安德森（Chris Anderson）于 2004 年发表于自家杂志上，用来描述如亚马逊、Netflix 等企业的商业和经济模式，是指那些不受到重视的、销量差的，但种类多的产品或服务，由于总量巨大，累积起来的总收益超过主流产品总收益的现象。在互联网领域，长尾效应尤为显著。"长尾"这一术语也在统计学中被使用。

长尾效应用到运营领域就衍生出长尾流量。一般来说，互联网上的热门词竞价是很贵的，但有一些衍生词因为竞争少所以很便宜，甚至免费。在小红书里，通过布局长尾词，企业就能以低成本获取精准流量。有时，长尾流量也会出现在热门词上面，此时可以增加投入去竞价，当然，账号权重很高也能吃到红利。

5. 定位理论

定位理论由特劳特与里斯在 1969 年提出，被评为"有史以来对美国营销影响最大的观念"。

定位理论的核心原理"第一法则"，要求企业必须在顾客心智阶梯中占据最有利的位置，成为某领域的第一，以此引领企业经营，赢得更好的发展。

定位理论对很多人影响深远，很多学员一开始就会问，账号怎么定位。但我不主张在前期将账号定位做得太细致，只要确定一个方向即可。确定方向后，先求同，再存异。这部分内容在介绍"账号定位"时已经讲过，这里不再赘述。

心理学模型

1. 马斯洛需求

马斯洛需求理论也称"需求层次理论",即将人的需求分成生理需求、安全需求、爱与归属、尊重需求和自我实现 5 个层次,如图 18-4 所示。需求是由低到高逐级形成并得到满足的。

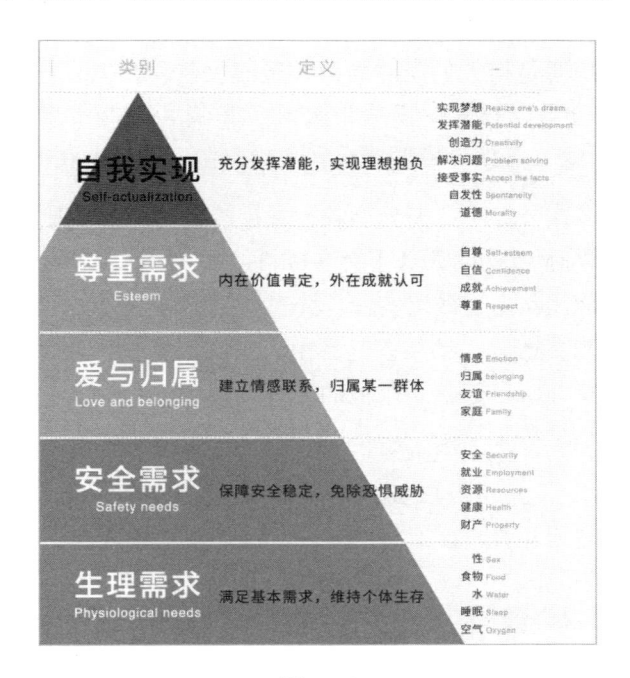

图 18-4

应用到小红书运营领域如下。

为什么颜值博主总是受欢迎的?因为他们满足了人的生理需求,大多数人喜欢看帅哥美女。为什么人们喜欢在小红书看保险知识？因为这能满足人的安全需求。为什么看到恩爱的情侣博主，人们总是无私奉献自己的赞和评论？因为人都有爱与归属的需求。为什么很多人做不好个人 IP，却还是在不停尝试？因为人有尊重需求。为什么很多 IP 的创造性如此之强？因为通过成功打造 IP 能达到自我实现的目的。

2. 损失厌恶

损失厌恶是指人们面对同样数量的收益和损失时，认为损失更加令自己难以忍受。损失带来的负影响为收益带来正效用的 2~2.5 倍。这个心理学模型很有利于我们在小红书上获得客户。

有很多账号在小红书分享各种各样的资料，也有很多人想要，但基本上只有 20%的人真正会看资料，大部分人拿到资料以后不会看。我们团队之前做过实验，分享一个 PDF 版本的资料，但是读取资料需要密码，结果有几百个人来领取资料，领取后来问密码的人只有 20%。果然是永恒的二八法则。

这是因为，大多数人有"损失厌恶"心理，即使不查看这份资料，也不甘心于错过这份资料。我们通过这个模型，可以筛选出真正有需要的客户，即精准客户，进而引流变现。

3. 从众心理

从众心理是另一种可利用的心理学模型。看到其他人在排队，自己也想排队，这就是从众心理。在小红书运营中，我会要求团队尽可能地在每篇帖子下面用一个不常用的小号做一下引导，评论一句"求带""礼貌询价"等。一般来说，只要前面有几个人这么问，其他人也会跟着问。很多人在看帖子的时候是有需求的，但还需要进一步被激发，一旦评论区的评论把他的从众心理激发出来，他就更有可能成为精准客户。

4. 边际递减效应

在经济学中，边际递减效应是指，随着商品或服务的规模增加到一定值，商品或服务产生的增量就会降低。这个模型也可以被应用到小红书运营领域。比如，当某个品类同质化竞争特别激烈时，应该升级封面、升级选题，而不是继续发布同质化内容。

2023年上半年，旅游行业竞争特别激烈。商家携巨款进入小红书，直接拉高了小红书旅游行业的获客成本，此时为了在小红书竞争中获得优势，就必须把帖子做得更优质，把选题做得更好。

5. 锚定效应

维基百科显示，锚定效应是指人在进行决策时会过度依赖先前取得的信息（锚点），即使这些信息与这项决策无关。首次做出决策后，在接下来的决策过程中，再以第一次决策为基准逐步修正。但是人们容易过度利用锚点，当锚点与事实有很大出入时，就会出现"当局者迷"的情况。

锚定效应也有利于运营小红书。比如，对于客单价非常高的产品，可以做账号矩阵，设定几个价格档位，当客户首次询问并获知最高档位客单价时，就会形成初始认知，用相对低的客单价去获客并变现就会容易得多。同样地，如果客户对更低的客单价产生初始认知，那么当他了解到高客单价的同类产品时，他可能会想：为什么这么贵？应该是产品有优势。这也是容易吸引客户并实现变现的。

第五部分 案例篇

"月入百万"的账号，究竟是怎样炼成的

这部分将选取几个典型的行业和案例，让大家更好地学习如何运营小红书账号，内容如下。

- 小众品类的账号运营
- 家装行业的账号运营
- 教育培训行业的账号运营
- 个人 IP 的打造
- 小红书电商的风口

19 小众品类如何在小红书起号运营

从本篇起,我们将介绍几个典型的实操案例,帮大家更直观地认知,不同品类如何在小红书平台运营账号。希望大家可以从中选择对自己有用的方法。首先我们聚焦小众品类,看看这些品类如何在小红书平台变现。

小众在小红书不是坏事,是好事

"小众"在小红书平台是一个"大众"词汇。小红书中50%的用户来自一二线城市,72%的用户是90后,这群人是领先时代潮流的,对他们来说,小众从来不是问题,太大众反而显得没有格调。在小红书2.6亿名月活用户中,有2亿人会产生搜索行为。小红书可能是比百度还好用的移动互联网时代搜索引擎。小众品类更依赖搜索,布局小红书是小众品类的不二之选。

当然,不是所有品类都适合在小红书运营,比如借贷业务,平台是不允许的。因此,我们要判断品类在小红书的情况。

第一种情况是,不能运营。比如上面提到的借贷业务,或者一些涉嫌违法犯罪的业务。

第二种情况是,没找对关键词产生误判。这种情况很多,很多客户以为品类很小众,急着布局小红书,实际上可能是自己的叫法和用户不一致,对该品类在平台的现有情况产生误判。

第三种情况是，品类在小红书平台的确小众，制作内容的人不多，无法搜索到太多内容。此时存在一定的流量蓝海，这是一件值得高兴的事情。对于一个蓝海品类，我们稍微用心做，也许就可以取得很好的业绩。

下面我选取 3 个例子，说明小众品类如何在小红书起号运营。

舞蹈艺考如何做小红书

这个案例我在前面曾反复提及，这里我们细致拆解。

艺考就是艺术类高考，艺术类高考不仅要考文化课，还要考艺术专业课，录取院校以艺术类院校为主。

我的客户张老板，是做福建省舞蹈艺考培训的。艺考本就是一个比较小众的类目，舞蹈艺考，再限制"福建省"，便更加小众，每年考生仅 700 人左右。

这个行业最主要的获客方式是和学校、老师合作，这种资源垄断型的获客方式是主流。但是随着新媒体行业的发展，信息差缩小，资源型培训机构的交付质量不到位，这引起了很多学生家长的反感，于是，他们便开始自己在网上找培训机构。其实学生的诉求很简单，就是考个好学校，他们会考查培训机构的师资力量和过往成功案例。

我的客户张老板，他是这么做的。

首先用好"发现好友"功能，这是一个很重要的功能。他保存了客户手机号码，然后再来养号、发笔记，这样笔记触达客户的效果更好，数据也更好。注：其中影响因素很多，也可能与是否保存客户手机号码无关，不过，宁可信其有，不可信其无。

然后，把住"搜索"关口。因为福建省舞蹈艺考很小众，所以很多学生是直接搜的，比如搜"舞蹈艺考""福建舞蹈艺考""舞蹈艺考培训"等。如果发的笔记里面有相应的关键词，只要笔记被小红书收录，那就能被搜索到。通过搜索而来的客户只有两类人：要么是竞争对手，要么是精准客户。此时需要注意在笔记里嵌入关键词，吸引客户点击。比如在封面里加入"舞蹈艺考""福建"等关键词，在标题里同样嵌入这些关键词，在附带的话题里依然加入"福建舞蹈艺考"等相关话题。

再次强调，运营小红书账号不是只运营1个账号，而是至少3个账号起做，做坚定的"矩阵派"。张老板也是3个账号起做的，1个为机构账号，1个为老师账号，1个为学员账号。

机构账号用于以机构的身份发布笔记。无论新号老号，刚开始也要按照流程养号。起初需要发布一些"干货帖"来提升权重，比如发布"剧目演示"，晒一晒学员日常表演的舞蹈剧目，可以是图文，也可以是视频（视频效果更好）。晒剧目的时候可以分类别，比如古典舞、民族舞、现代舞等。还可以做一些舞蹈艺考的科普，讲一讲男生适合表演什么舞蹈剧目，分享一下备考规划，帮舞蹈生设计文化课的提升方案……这些干货很容易吸引考生，也有助于提高账号权重。账号权重达到后，如获得了200~300个点赞，便可以发布一些吸引考生咨询的笔记，比如晒一晒过往的优秀学员案例、学员艺考成绩，因为艺考生往往最关心这些，培养出名校学生，比什么都有说服力！除此之外，还可以晒一晒机构介绍、师资力量等，把自己的教学模式、场地情况、老师情况一一展示出来，"自卖自夸"，也能吸引很多意向考生来咨询。

老师账号用于以老师的身份发布笔记。老师账号的专业性可以强于机构账号，可以多多发布考情、考务科普，比如，统考和校考的区别，怎么选培训机构，要不要复读等。同时，老师账号也可以做一些"上岸"[①]学员的案例分享。

学员账号用于从学员的角度发布笔记。学员账号相比老师账号和机构账号，会更加平易近人一些。学员账号可以发布自己的上岸经历，分享自己为什么选择舞蹈艺考，以及自己怎么备考、怎么选培训学校等，会有很多考生过来咨询具体情况。但学员账号需要在转化上花一些心思。

张老板通过上述方式，做小红书的第一个月就达成了 6.5 万元的业绩，3 个月时间引流 400 余人，在一段时间内几乎可以说达到了"品类占领"的程度。

平行进口保时捷销售如何做小红书

我有一个客户是做平行进口保时捷销售的。平行进口车是指未经品牌厂商授权，贸易商从海外市场购买，并引入中国市场进行销售的汽车。根据进口地不同，可分为"美规车""中东版车""欧版车"等，以区别于授权渠道销售的"中规车"。一般来说，平行进口车绕过了经销商和 4S 店，省去了很多中间环节，因此比中规车便宜一些。

[①] 网络环境下，常指脱离一种悲苦状态，获得新生。这里指，顺利通过艺考，考取理想的大学。

平行进口车的价格优势会吸引很多有需求的用户，且这个品类在小红书还远远没到"内卷"的程度，因此运营方法并不难。

首先我们不会让客户去发布"香车美女"这类笔记，即使能吸引来很多看客，他们也不见得有需求，可能是来过眼瘾的。

对于这类账号，粉丝量不是那么重要的指标，能买得起平行进口保时捷的人本就是少数。与其关注粉丝量，不如关注客户咨询量和私信量，这是真实的数据。敢咨询价格的人，一定程度上是有预算购买的人，或者是已经拥有保时捷等高端汽车的人。

有的人可能想到，复刻豪车毒创始人老纪那种打造大IP的方式，其实这种方式不一定行得通。我一直强调一个观点，大部分人不适合做IP，因为这对个人能力要求太高。比较务实的做法是，账号运营初期多晒稀缺的、国内没有的车型，纯粹晒图片，目的是吸引客户点赞、收藏，提升账号权重。然后开始以"最新到港""最新到货""新车回国"等关键词为主题发布系列帖子，比如，标题是"最新到港 992 GT3 卡拉拉白 仅此一台"，正文直接介绍车子来源、规格，国内是否可以上牌等，引导用户评论、发私信。还可以拍视频讲解，吸引精准客户来咨询。

对于这种高客单价产品，为了让客户觉得更真实，最好将账号认证为企业专业号，并在简介处介绍公司情况和主营业务。值得留意的是，对于平行进口车品类，小红书只是获客工具，把精准客户引流到微信其实不算太难，真正难的是如何邀约客户到店看车，这个过程是在微信上完成的，要注意培养这方面的能力。

电视挂架安装如何做到人人皆知

我们知道,现在的智能电视、高清大屏电视很多都是壁挂式的,而非坐在电视柜上。我的一个客户姚老板,是在新加坡做电视挂架安装业务的。没错,他是小红书海外用户,且负责这样一个极其小众的品类,但通过运营,他在没有付费投广告的情况下也收获了4000多名粉丝。

2022年他刚找到我们的时候,想投薯条平台的广告。但那时薯条平台限制比较严格,要求账号粉丝量必须达到500。为了保存账号的使用价值,我们拒绝"刷粉",因此建议他先做好内容,试一试通过内容来引流,说不定也会有惊喜。

首先就是做科普。比如,在电视挂架安装过程中,遇到线孔太高的问题怎么办,遇到石膏板墙面怎么办,65寸电视选什么支架更安全……通过这类干货内容去吸引客户点赞、收藏,提升账号权重。

其次是写故事,他会每天"编"故事并发布。今天写个故事:老婆是个脾气暴躁的新加坡女人,一吵架就爱摔东西,电视机已经被砸坏了四台。明天又写个故事:新加坡老公醉酒拆家,又砸了刚安装好的电视。他会将"安装电视挂架"这个动作和场景合理地嵌入他写的故事里,又有趣又不生硬,以至于客户都说他是一个"广告天才"。

最后,我们建议他将各种免费无广告的电视App作为钩子,吸引刚搬到新加坡的、想看国内熟悉的节目的人,作为他的精准客户。就这样,他用了不到一年时间,将账号运营至粉丝量突破4000,粉丝几乎都是精准客户,还会源源不断为他推荐客户。

20 家装行业学员缺课，理由竟是忙着收钱

我们有数百个家装行业的客户在小红书获客，同时也代运营过数十家家装公司的小红书账号。我从2021年开始研究家装行业，线下与几十位该行业老板一对一沟通之后，懂得了一些皮毛，也越发对这个行业感兴趣，甚至想深入这个行业寻找机会。我对这个行业感兴趣的原因如下。

- 行业极其内卷，但越是内卷的行业越有利于我们，因为大家都要花心思寻找新的方式来获客，流量提供方变得更有机会。
- 行业巨大，类目繁多，比如新房装修、全屋定制、局部微改、装修设计等。客单价高且客群的付费能力强，找到精准客户后更容易变现。
- 行业复杂，包含很多其他领域的上下游业务，我们是做流量的，可以成为这个行业的上游，即数据供应商。

家装品类在小红书是特别大的品类，涌现出了许多优秀账号。我们的很多客户通过做小红书赚到了线上的第一桶金。

家装行业为什么要做小红书

在讲案例之前，我们来分析一下家装行业做小红书的必要性。

- 行业大而传统，即便移动互联网时代已经过去，但真正从新媒体渠道获客的家装公司仍然少之又少，这也意味着机会很多。如果此时想入局，势必有机会。
- 针对家装行业，地推方式很显然已经落伍，客户的转化率并不理想，因此大家都迫切想要切换流量引擎。
- 做小红书的好处是"提前"种草，客户只要有装修打算，就会主动到线上搜索。而拿着楼盘业主名单挨个打电话是"事后"骚扰客户。让客户主动来咨询你，这个转化链路显然更精准。所谓"客户在哪儿，生意就做到哪儿"。

在抖音平台也可以运营家装类账号，但大部分抖音用户的娱乐属性更强，而小红书用户往往带着明确目的去浏览与搜索，比如找找装修风格、看看装修建议、看看如何找装修公司等。这就导致家装客户在小红书的成交率高于抖音。再加上小红书的优质客户比例整体高于抖音，因此许多家装公司都想布局小红书。

案例一：全屋定制，如何在疫情期间破局

我有一个客户是做全屋定制的，自己开设了工厂。疫情前，其获客方式主要有两种：第一种是想办法拿楼盘及业主信息，电话推广；第二种是靠设计师推荐客户。在有客源的情况下，他组织了几次团购，业绩还是很可观的。疫情期间，这两种方式的获客效率都极大下降了：通过楼盘及业主信息电话获客，转化率低；通过设计师推荐，同行竞争过于激烈，直接抬高了客户成本，降低了销售转化效率。

于是，他经朋友介绍找到我们，想要通过小红书进行线上获客。当时他的业务已经下滑到工厂即将倒闭的程度。果然没有退路的人更容易做好，他运营小红书 4 个月后，单月销售额达到了 140 万元。这个数字对于全屋定制工厂而言并不算多亮眼，但因为开始有了稳定的收入，他的工厂至少不需要关门裁员了，平稳度过了困难时期。他做小红书主要分两条线，我们具体来说一说。

第一条线：专攻业主号

业主号，顾名思义就是代表业务本身的账号。业主号的优势在于，能给客户提供较强的信任感，但需要注意，从引流到销售，各链路要配合好才能跑通闭环，不然会出现口碑反噬。

第一步还是养号，养号结束后以一个刚刚装修完的过来人身份入场，复盘装修流程，发布笔记。例如，水电验收的经验、做防水前要与装修师傅沟通的 10 件事、瓷砖铺贴的注意事项等。做这些的目的是提升账号权重，这些内容就是我们前面总说的"干货"。等账号权重达到后，再来"种草"全屋定制工厂。

标题：强烈推荐，我在长沙找到了靠谱的全屋定制工厂！

封面：可配图已完工的全屋定制局部实拍图、整体效果图，如果再配上一些装修过程中的图片就更好了。

正文：对比了很多厂家，大多性价比不高，后来发现本地的这家全屋定制工厂，做出来的效果完全长在我的审美上，效果图还原度特别高，老板解决问题的效率也特别高。

话题：#长沙全屋定制 #家装。

这样执行后，会有很多用户在评论区中留"求推荐""是哪家店"等，这些都是比较精准的客户，此时可通过私聊等方式将客户引流到销售微信，再通过邀约客户去工厂等方式现场吸引客户成交。这种方式的成交率很高，有的账号甚至能达到5成以上，且现场人越多，成交率越高。

如果更加讲究细节，还可以在发笔记的时候直接把地址定位到刚交房不久、部分业主已完成装修的小区，这样更加逼真。

他跑通账号闭环后，觉得提升账号权重的周期较长，于是又开始注册新号发布引流性质的笔记。由于他已经有账号跑通了闭环，因此增加新号对他而言负担并不重。这种方法也可以，但权重不够的账号火起来的概率会小很多，这一点值得大家注意。

第二条线：运营专业号

运营专业号比运营业主号起效慢，但专业号转化链路更简单，不需要弯弯绕绕，做了企业认证后客户信任度会更高。

专业号也要从"干货帖"开始发起，比如全屋定制板材的优缺点、第一次做全屋定制怎么选、全屋定制省钱或"避坑"策略等。工厂实拍当然也要跟上，一般以视频或实拍图的形式呈现，内容包括板材怎么切割、商品怎么打包、怎么发货等，这些都是客户关心的内容。效果图和成品图要具体展示：新中式风是什么样的、简约风和法式复古风到底美不美观、侘寂风和北欧风到底有什么区别等，这些也是客户很关心的。这样的干货帖有助于吸引客户点赞、关注，提升账号权重，聚焦精准客户。

除去干货，笔记中必然还要加入引流性内容。引流性内容是引导用户评论、私信咨询的。他用的引流招数是"自卖自夸"，比如发布一篇标题为"坐标长沙,一个真诚且靠谱的全屋定制团队"的笔记,介绍自己的主营业务和优势,再配上一系列客户的好评截图,这类笔记很容易吸引精准客户。

案例二:原木家具工厂,仅用一招月入 80 万元

我的客户方老板自己经营了一家原木家具工厂。他在 2022 年 8 月报名了我们的课程,想要布局小红书。那时,他还没有完全接手家里的工厂,我能感受到他的焦虑无力,因为传统的获客方式效果越来越差,家里长辈只懂传统渠道,酒香也怕巷子深。

在我们的建议下,他是这么做的。

首先晒客户案例。我建议所有运营者都要晒客户案例,任何行业都不能缺少晒客户案例这一环。他晒客户案例有两种方式。

一种是直接讲述,某个小区某个客户的需求是什么,自己如何去满足客户的需求,配图是客户家的家具实拍图,大大增强真实感。比如,客户家客厅整体深度小,不要沙发和电视,那我推荐用白橡木家具,匹配目前的空间设计,让办公、学习、休闲一体化,让客厅显得宽敞。

另一种是在封面晒客户家的落地实拍图,正文主要介绍各个房间怎么搭配。比如:某小区的某个客户,采用原木风家具,他的圆桌用了北美白橡木竖纹款,看起来简单不凌乱,客厅桌子选用白橡木本色,看起来简单高级,主卧做了木饰面护墙靠背,我们选了无靠背的樱桃木床架,儿童房……

除了晒案例,还要"自卖自夸",自己宣传自己。这一类内

容不需要经常发布,但每个月发布一两次是有必要的,也是合适的。这类内容相当于一份官方电子传单,正文内可将特色、工艺、价格、客户好评等内容一股脑写上,配图是产品实拍图、工厂实拍图、客户家落地实拍图等。比如,他有一篇笔记数据很好,标题是"宁波一家做原木的家具工厂店,居然被你刷到了"。

接着是打造爆款单品。爆款单品可以吸引对该品类有兴趣的客户查看,关于爆款单品的笔记可能数据不会很好,但这类笔记会让一个账号很完整,客户查看账号,也会被爆款单品吸引,产生其他产品的成交。方老板晒了很多爆款单品,比如红橡木扇形书桌、卯榫结构白橡木椅子等。

发布工厂实拍图自然也必不可少,客户没实地到访之前,多晒工厂实拍图是增加客户信任度的重要一环。比如,晒一晒加班中的工人师傅、车间的样子、家具的加工过程等。

如果一篇笔记火了,可以选择投放薯条广告对笔记进行加热,让笔记再火一点。对于所有做生意的商家而言,只要投入产出比达到预期,花钱不是难事。注意,这里针对已经火爆的笔记,如果笔记不够火,就需要评估投放薯条广告的必要性了。

此外,方老板在细节处理上也是很用心的。小红书认证企业号之后,是能填写线下门店地址和电话的,他把自家工厂的地址和自己的电话都填上了。这个方式每个月能给他带来十多个精准客户,客户都是打电话后直接到店的,成交意向特别高。即便后来他不再续费企业号,这个功能仍在持续给他提供客户。

截至本书写作时,他的账号只有1570个粉丝。前段时间他告诉我,目前月入80万元,预计马上月入100万元。通过小红书,他确实给工厂带来了很多改变和新增订单，聊天时我都能感觉到他身上散发出来的自信。

这里讲一个有趣的小插曲：在他参加我的课程期间，也是运营小红书一段时间之后，他突然消失了一阵子，甚至有些课程服务也没有领取，我们问他为什么缺课，得到的回答是，他在忙着收钱，没时间上课。

案例三：线下家装公司，如何切换增长引擎

我有一个经营家装公司的客户，原来只做线下门店，规模很大，客户络绎不绝。疫情这几年，大店反而成了他很大的负担，于是他一直在找机会布局线上经营。他找过抖音代运营，做了3个月，花了50万元代运营费，除了积累了一堆假粉，作用甚微。

后来他找到我们，想要入场小红书。我对他说："你应该自己上。外面的人都不能解决核心问题，只有你才能解决公司的核心问题，因为老板能感知公司目前的状况。"于是他下了狠心，一心一意运营小红书。皇天不负苦心人，第一个月，他就收到了一笔68800元的订单（见图20-1），之后陆续来了很多订单，他的获客模式成功由线下获客转型为线上获客。

他的小红书主攻业主号，这和我上面介绍的全屋定制的案例打法类似，但这类业务号主要推荐装修工长，服务的人群是已经对装修有初步认识、追求性价比的人。这类账号粉丝量太多反而是坏事，因为可能会显得不够真实。

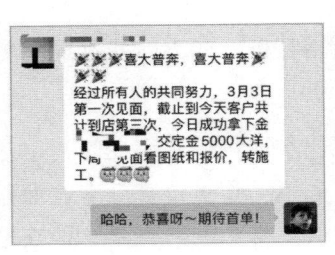

图 20-1

账号养号完成后,建议直接发布个人日常,通过这类真实的笔记去提升账号权重,权重达到后开始发布引流类笔记,即推荐工长。大家实在是太需要找到一个靠谱的工长了。这类笔记,配图要符合用户的心理需求,可以以工长的现场出镜照为主,同时加上一些体现工长尽职尽责的聊天截图,如图 20-2 所示。

图 20-2

这类账号并不会每个都火，因此可以多准备几个账号同时运营，只要一个账号的笔记火了，公司就会有可观的收入。这类笔记的点赞和收藏量也许不会太多，但是评论区询问工长联系方式的人会很多。

自从小红书账号跑通之后，他们再也不用担心租太大的场地会亏本的问题了。前段时间他告诉我，他已经懂了这套打法，接下来会招募团队规模化复制，还准备开新的门店。我回答他，这才是正道！

21 搞教育培训,如何做小红书

教育培训是我的老本行。上一次创业,我做的是公务员考试培训。现在我转战小红书平台,依然为各行各业的客户提供培训服务。国内教育培训市场规模庞大,对社会的影响也巨大。我对教育培训行业充满热爱,始终坚信这将是我终身从事的事业。

在教育培训行业中,有两种逻辑:一种是培优,另一种是补差。培优是指学员本身已经很优秀,通过培训能让他变得更优秀。补差则是指,对于原本比较薄弱的学员,通过培训让他们有所提高。早期的学而思是典型的培优模式培训机构,而新东方则是典型的补差模式培训机构。培优模式容易获得良好的口碑,但实际上,这并不完全归功于老师的出色教学,而是源于学员本身具备优秀素质。我们公司选择的也是这种模式,我们的客户运营小红书成功率很高,并非因为我们有多厉害,而是因为他们多是企业主和企业业务负责人,具有强大的学习动力,能够很快理解小红书的运营逻辑。

在教育培训行业中,产品主要有 3 种形式:在线课程、面授课程、纸质资料。成功开发一种产品,可能会使企业营收增加 10 亿元,若能同时打造两种优质产品,企业营收可达百亿元。产品是教育培训行业吸引客户的核心要素,例如,粉笔教育在早期凭借 1 元图书赢得了声誉和知名度;许多考研机构通过赠送在线课程来吸引用户;早期的新东方通过举办大型线下公益讲座,邀请罗永浩、李笑来等名师进行招生。然而，在我看来，国内目前还没有一家能同时兼顾这3种产品的企业，这也是我——一个实战派，虽然总觉得纸质图书已无法与时代发展同步，但仍坚持写书的原因。

除了产品，教育培训行业最有效的获客媒介是客户案例。无论是高考复读学校每年付费请优秀的同学来自己学校复读以冲击名校，还是各大教育机构在朋友圈宣传成功客户案例，本质上都是在推销案例。

下面我分享3个具体的案例，介绍教育培训行业如何运营小红书账号。

雅思培训怎么做小红书

国际英语测试系统（International English Language Testing System，IELTS），简称雅思，是著名的国际性英语标准化水平测试之一。雅思成绩获得全球超过140多个国家和地区的各类院校和机构的认可，雅思考试也是大部分出国留学的学生必须要闯过的关。雅思培训行业很早就有，但在线教育板块是近几年才兴起的。服务的客群是留学生，整体上来讲客群的经济实力很强。

我的朋友郭先生创办的优途雅思，入局小红书后，成了当前小红书雅思培训赛道中很受欢迎的账号，他主要采用矩阵流和自然流结合的营销策略。前面我已经多次提及运营矩阵账号的概念，这里不再赘述。自然流是指仅通过算法推荐来吸引客户，而不依赖付费广告。付费流需要投入高额的广告费，而自然流只需要考虑人工成本，在长沙这样人工成本较低的地方，采用自然流获客

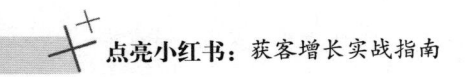

特别适合。

郭先生2023年5月找到我,当时他刚准备开公司。然而短短一个月,他的公司已经实现了月收入30万元,且全职员工只有3人。我深谙教育行业的利润率和人效比,属实非常羡慕。下面就和大家分享一下他运营小红书的方法。

发布备考攻略是很高效的拉权重方式

所有的考试都有备考节奏,雅思的备考时间一般是3个月左右,每年有4次考试,但没有统一的组织,因此很多考生很需要备考攻略。在小红书搜索"雅思",经常能看到"3个月雅思从5.5到7.5""手把手教你过雅思""在职且英语基础差,3个月雅思6.5"这样的笔记,内容主要是告诉你怎么分阶段备考,听力应该找谁学,口语应该找谁学,等等。这类笔记不着重于引流,但是可以很好地提升账号权重。

资料分享是非常高效的抓手

资料是所有雅思备考学生所需要的。开始推广雅思培训账号时,都需要分享资料和有价值的内容。如图21-1所示,像"5天背完雅思口语500组高分短语""雅思常用同义替换词"这样的笔记就是资料分享型笔记,这类笔记不仅有内容价值,也是吸引人的钩子。可在评论区提及"完整资料可以直接在后台获取"这样的话术,或者将笔记与群聊相关联,引导用户加入小红书群聊,然后通过群聊引导考生加老师微信。

图 21-1

资料不仅仅指电子文档,也包括图书、网课等高级资料。例如,在小红书上,"雅思 7.5 必备上岸书单""雅思口语差的考生建议直接看这本书"等类似的笔记非常受欢迎。这样的笔记通过分享图书或视频来吸引考生加微信。网课的成本相对较低,可提供下载链接让考生获取,但获取后的实际转化率并不高。纸质图书虽然成本较高,但实物赠品会更有存在感,因此转化率会更高。目前在雅思培训行业中,通过提供资料和网课来吸引用户,并通过与老师私聊来实现转化的平均占比为 1% 左右。

多晒客户案例是非常直接的获客方式

对于雅思培训机构而言,无论是在朋友圈还是在小红书平台,晒客户案例都是不可忽视的重要环节。

晒客户案例时,以分享雅思成绩最为有效。可以在封面中展示学员的雅思成绩单,正文则从老师的角度来分享学员的学习情况、优势及弱点，接着描述老师和学生如何共同努力纠正弱点并最终取得优异成绩。正文也可以回顾考生备考过程，分享考生如何调整心态等。

展示学员的上课流程和学员好评也是一种不错的方式。通常可以展示学员积极提交作业的情况，或对老师表达认可的聊天记录。虽然这种方式吸引客户的效果不是很好，但可以增加客户对培训机构的信任度，从而提高转化率。

找博主种草是非常好的宣传方式

这种方式通常适用于名气不高、急需突破的小型培训机构，优点是转化率较高，但需要注意，课程质量必须足够好，否则可能会引起口碑反噬。一般可以使用一些小号进行宣传，如果能找到用户进行推荐会更好，可以让用户直接发表"某某机构值得推荐"这样的笔记，在笔记中详细描述教师的交付细节、上课方式及资历经验等信息，最后在评论区直接@机构账号。

森林疗愈师培训怎么做小红书

"身心灵"行业这几年一直是一门显学。据维基百科所述，"身心灵"是一个概念，主要指身体、心理、灵性三方面的整合。它是一种以全面和整体的方式看待健康的理念，追求身心合一的内外协调，有助于人处理好与自我、他人及社会的多重关系。身心灵这个行业包括很多品类，不同派别重点关注的品类也不同，我目前接触到的有瑜伽、颂钵、冥想、正念、疗愈等。

这个行业市场很大且处于早期发展阶段，但目前行业内鱼龙混杂。行业服务的客群以一二线城市的女生为主,她们有消费能力,愿意为了身心消费,想要在混乱中获得慰藉。很多人在生活中或多或少承受了一些艰难困苦,他们需要重建内心的秩序,这也使得身心灵行业蓬勃发展。从事这一行业的同样是这群人,因为他们曾从中受益。

我的客户@山下心舍 就是做森林疗愈的,主理人是珮均。她于2023年5月参加我们的课程,原本10天的课程被她压缩到3天,每天忙碌之余,她还在深夜积极完成作业。不到一个月的时间,她的线下首期森林疗愈师培训班便取得了巨大成功。她运营小红书的方式大概如下。

起初要普及和种草这个品类,通过干货内容把账号权重提升起来。珮均会科普森林疗愈的概念,介绍其好处及历史背景,解释为什么森林疗愈能缓解抑郁情绪,并对用户的身心灵困惑进行解读。她还会介绍森林疗愈师这个职业,吸引想要从事该行业的人群。"森林疗愈"是一个小众品类,被推荐来的一定对这个行业感兴趣的,而通过搜索来的基本上是对这个行业有一定了解的,这样就得到了精准客户。

关注身心灵领域的人通常具有较强的自我意识,因此她也会分享一些实例,推荐图书《大自然治好了我的抑郁症》,以此让客户了解森林疗愈是有专业依据的。

账号权重提升后,账号有了一定的基础粉丝,她便开始进行引流。引流笔记有3种类型。

(1)"自卖自夸"型。这种类型的笔记直接宣传自己,适合大多数服务业品类。珮均会分享"森林疗愈,我把心理咨询室搬到了森林里"这类主题,她会介绍自己为何开始做疗愈,介绍自己的专业背景和成功案例,进而吸引精准客户咨询。配图方面,她使用了一张自己身穿素色衣服坐在森林中的照片,与深色的森林背景形成强烈对比,这样的形象让人感觉宁静舒适,更容易吸引用户点击,如图 21-2 所示。

图 21-2

(2)课程介绍型。小红书是一个拥有"种草"属性的内容社区,即使在其他平台可能无人问津的课程表,在小红书中也能引发用户的浓厚兴趣。如图 21-3 所示,珮均会直接发布"森林疗愈师技能培训贵州站"这样的笔记,在正文中详细介绍课程时间、课程难度、课程特点和课程设置,以吸引有意者参加。她也会配合课程帖发布答疑帖,如"贵州站 森林疗愈师课程答疑帖"。通过发布课程介绍,并辅以详细答疑,她成功吸引了近 200 位潜在精准客户。

图 21-3

（3）行业介绍型。对于感兴趣的客户，给他们安利①行业很重要。如图 21-4 所示，珮均会发如"森林疗愈师，未来十年的风口行业""森林疗愈师的工作内容到底是什么？"等相关主题笔记，从职业科普、行业前景等各方面进行介绍，进而吸引精准客户咨询。通过行业介绍型笔记，她吸引到 583 条精准客户咨询。

当然，这么多的流量咨询转化到私域（加微信）肯定是有折损的，若回复及时，加微信率能达到 50%左右，珮均的微信私聊转化能力强，这种课程的客单价又高，既创造了高收益，又创造了社会价值。

---

① 网络流行语，表示"诚意推荐"。

图 21-4

论文润色培训怎么做小红书

论文润色是指对已经完成的论文进行语言、格式等方面的修改和优化,进而提升文章质量和可读性。一般的高校毕业生、需要评职称的专业技术人员等有此需求。论文润色只是帮助修改和优化,属于合规业务,大家一定要和"论文代写"区分开。

我的客户@小明师兄论文咨询,是目前小红书中做论文润色的优质账号之一。他是 2022 年年初找到我的,那时他们在知乎平台做得很不错,想开辟小红书作为第二增长渠道。当时论文润色品类在小红书竞争不激烈,如今这个行业的竞争已经激烈了许多,但仍然存在机会。在以推荐为主的平台,永远不存在"统一江湖"这样的说法,永远有新人、新账号可以冒头,小红书这种对新人友好的平台更是如此。

他在科学运营下，成功在小红书找到了新的获客渠道，截至本书写作时，账号拥有 2.8 万名粉丝，每个月变现理想。对于如今的成果，他是怎么做的呢？

开始阶段还是那句话——必须通过提供有价值的内容（干货）来提升账号权重。论文润色行业的干货大概包括以下内容。

- 推荐论文润色的方法或工具，比如"如何用 ChatGPT 润色论文""大家都在找的论文润色方法"等。
- 直接介绍论文应该怎么写，比如"4 步教你快速搞定毕业论文初稿""毕业论文写作第一步：搭建论文框架"。
- 介绍如何找到靠谱的论文辅导机构，比如"怎么找靠谱的毕业论文辅导机构"。

通过发布这些内容，能够找到精准客群——正在写论文且有辅导需求的人群。在账号权重提升后，可逐步引流，引流笔记有以下两种类型。

（1）"自卖自夸"型。我们在前面的案例中已经介绍过相关类型，这里只简单分析。这类笔记的主题应围绕"我们是一家靠谱的论文润色培训机构"这一话题来展开，大概如图 21-5（a）所示。正文中介绍机构基本情况（年限、服务客户数等），剖析优势（师资力量、优秀案例等），接着介绍服务流程和可辅导的专业。在小红书中，这个方式很流行也很有用，会吸引很多精准客户，我会让客户将这类笔记直接置顶，引导主动咨询。

（2）客户案例型。如果能在笔记里面增加客户案例，说服力会大大提升。客户案例有两种，一种是成交记录，另一种是成功上岸后的反馈，大概如图 21-5（b）所示。成交记录能提高客户成交概率，成功上岸后的反馈更能吸引客户。服务业的本质就是卖案例，这种在正文中直接讲述客户故事（客户专业、服务背景、主要诉求、服务流程、最终结果）的笔记非常容易吸引精准客户，进而引流变现。

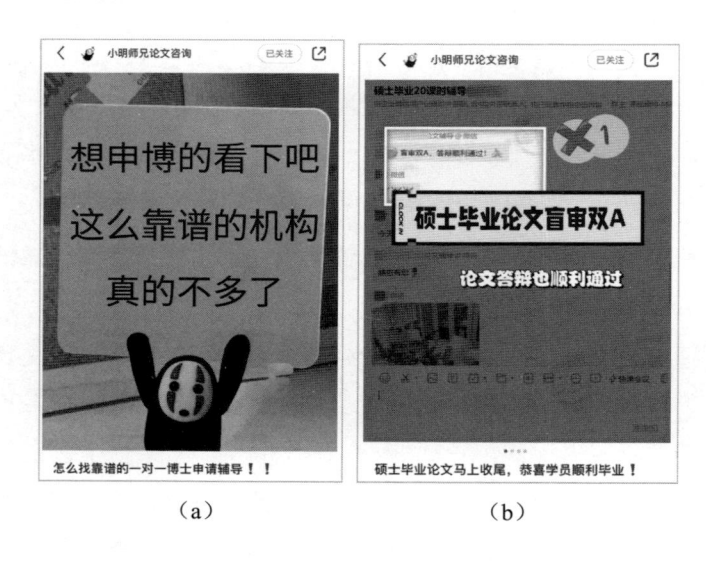

（a）　　　　　　　（b）

图 21-5

22 在小红书，如何打造个人IP

一上来，我就要给本篇文章的读者浇一盆冷水。我始终强调，大多数人无法成功建立起个人 IP，未经过专业训练甚至不具备内容生产能力。具体原因我在前面做过说明，这里不再赘述。

但很多人还是对于打造个人 IP 有执念，对此，勇敢尝试也是可以的，建议首先通过以下方式评估自己是否适合打造个人 IP。

- 是否具有强大的内容输出能力，能否长年坚持创作或讲述。大多数 IP 与生俱来具有这样的能力，无法后天培养，这是打造个人 IP 的条件之一。

- 是否具有强烈的表达欲望，对热点问题满腹疑惑。许多人具有表达能力，但因种种原因不愿表达，如果你能长期表达观点而不厌倦，那就具备了打造个人 IP 的条件之二。

- 能否用人们可以理解的语言表达。专业能力无疑很关键，但过于专业的表达通常不容易引起关注，能够将专业知识和观点用通俗易懂的方式表达出来更为关键，具备此能力就具备了打造个人 IP 的条件之三。

至少具备这 3 种能力的人才适合打造个人 IP。我有很多客户成功打造了个人 IP，他们都具备这三种能力。这样的客户，即使我不帮助他们，他们也能做得很好，我能提供的更多是对平台的专业看法和熟悉度。当然，我本人的选题能力、追热点能力、将

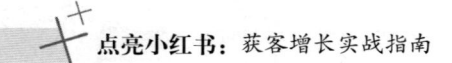

热点和专业知识结合的能力，也能帮助他们。

我们公司的业务已经稳定运行了两年，但直到 2023 年，我才正式开始做 IP 打造类业务，主要是因为个人 IP 可以为业务增长提供更大的动力。我并不认为打造个人 IP 仅仅是制作视频，个人 IP 的本质在于影响力的传播。写文章、出书、制作播客、拍摄短视频等，这些都是打造个人 IP 的手段。如果你想打造个人 IP，不要局限于形式，更重要的是将这些手段与你的业务紧密结合。没有实质性业务，个人 IP 就像无根之木，无法持久。

下面我将分享两个客户案例，介绍他们是如何利用个人 IP 作为杠杆来推动自身业务发展的。

蛋花 cici

我的朋友@蛋花 cici，是全网知名的时尚美妆博主之一。截至本书写作时，她在小红书上拥有 76.4 万名粉丝，在抖音平台更是拥有 531.2 名粉丝，如图 22-1 所示。前段时间她告诉我，她的单条广告报价已经达到了 20 万元左右。

蛋花 cici 是那种天生适合打造个人 IP 的人。

她人长得漂亮，脸型优越很适合出镜，而且她的漂亮不具备同性攻击性，她像邻家女生一样给人亲切感，即便是女生也会很喜欢看她的视频。她有强大的沟通表达能力，能够清晰地讲出自己的想法和见解，而且声音好听。她在生活中并不话多，但只要面对镜头，马上就能进入一种心流状态，"劈里啪啦"说个不停，而且她面对镜头真诚、自信，这使得她的帖子用户互动率很高。

最重要的，她在时尚美妆方面的专业性很强，审美和品味也符合用户的需求。

图 22-1

蛋花 cici 也不是一开始就很成功。从 0 粉丝到在全网获得几百万名粉丝，她用了 4 年时间。她和我说，一开始进公司的时候，她只是一个"素人"，入职岗位是公众号编辑。后来公司选拔素人成为博主，她通过自己的努力和对美妆行业的热情脱颖而出。

那个时候，在她们公司所有的达人中，就数她的数据跑得最好，而且投放薯条平台广告的成本很低，就这样，她完成了一步一步的积累。

具体来说，她在小红书平台打造个人 IP 的方法如下。

1. 选择合适的合作伙伴

她的同学兼闺蜜，就是她的编导。从大学开始，她们就在一起配合"搞事情"，打造个人 IP 的时候，她们彼此间已然很熟悉，知根知底。因此，很多选题只要俩人一碰，马上就有创意迸发出来。选择合适的合作伙伴，能使产出内容的效率大大提升，这也是前期做流量的关键。比如，她最近发布的商业广告视频，很多都是当天策划、当天定稿、当天拍摄的，几乎第二天就能成片发布。

2. 抓热点发布视频

她会发布各种各样时兴的挑战视频。从早期的"挑战一口吃掉整个西瓜"，到近期的"跟着营销号吃东西"，这些视频都精准地踩住了用户当下喜欢看的热点，从而获得了大流量、好数据，进而拿到了更多广告商单。她的账号是接广告的，账号数据越好、流量越大，自然广告也越接越多。

3. 多发布测评视频

她也会做各种各样的测评并发布视频。小红书本来就是一个种草平台，所以各类测评种草内容可以无缝接入帖子。比如说，她会测评各种各样的好吃的，像网红低卡零食、LV 甜品等，也会测评各种美妆产品并为用户输出心得。这类测评视频一直是互联网上的热点。

4. 设置个性化合集

作为一个爱动手的人，蛋花 cici 在她的账号中特地设置了名为"干饭人变美攻略"和"美食小达人"的合集（图 22-1 中已显示），这也是妥妥的流量密码。以"干饭人变美攻略"为例，她会发布视频教大家怎么用袜子自制蛋卷头，也会告诉用户怎么 3 招从小透明变成氛围感女神，如图 22-2 所示。这样的合集和内容定位清晰，非常容易吸引用户观看。

图 22-2

总体来说，蛋花 cici 太聪明了，一点就透。她绝对是我见过的，天生就适合吃个人 IP 这碗饭的人。

文科生没出路

我的客户杨老师，是账号@文科生没出路的主理人，账号在小红书拥有 15.3 万名粉丝（截至本书写作时）。

他在 2023 年 5 月找到我，我发现他虽毕业不久，但在内容创作方面非常有才华。他的经历非常丰富，远远超过大部分同龄人：本科就读于南京大学历史系，后来保研进入浙江大学新闻传播学院，曾在广告、金融、互联网等不同领域的多家企业实习，并在一家猎头公司从事创业工作。

他专注于自己擅长的事情，并在该领域深入思考。作为一名文科生，他将自己的小红书账号命名为"文科生没出路"，他认为文科专业所学的不是技术，而是通识教育，那些整天想着自己的专业与职业是否对口的文科生，是没有出路的。

他打造个人 IP 的方式比较特别，迄今为止，他还没做过视频。我一直强调，IP 的本质是个人影响力的输出，出镜是很重要的渠道。然而，他不做视频也非常成功地树立了个人 IP，不到半年涨粉 15 万，他的具体做法大概如下。

1. 与粉丝建立联系

尽管他没有做视频，但仍然需要让更多人了解自己，因此，他将自己的头像添加到了封面上（见图 22-3），增加辨识度。此外，他每周三、周六和周日晚上坚持直播，为粉丝提供线上答疑。在内容创作方面，尽管他发布的笔记是实用干货，但他也极力强调个人的思考和过往经验。这样，当用户阅读他的笔记时，能够感受到与真人对话般的亲切感，而不仅仅是冷冰冰的知识。通过这种方式，他成功建立了与粉丝之间的紧密关系。

"月入百万"的账号,究竟是怎样炼成的 **案例篇**

图 22-3

2. 将内容分类

他将笔记分为五个专辑:文科生专业点评、每天一个文科生出路、文科生入行三步走、文科生成长务虚、文科生求职干货。由于页面显示原因,图 22-4 展示了部分专辑。

图 22-4

在每个专辑中,他都有精彩的表达。特别是在"每天一个文科生出路"这个专辑中,他结合自己的经历介绍了许多适合文科生的岗位。例如,他提到了新媒体运营,他还提到一起大型国企的运营岗,为粉丝对比不同岗位的差异,分析优劣势。对于那些正处于迷茫期的人，无论是不知道如何选专业的准大学生，还是不知道如何选工作的毕业生，他提供的信息都很有价值。

3. 与粉丝一起成长

这个账号是他和所有粉丝一起成长的地方。为什么选秀明星具有很强的粉丝号召力？原因在于粉丝目睹了一个人从默默无闻到盛名璀璨的过程，他们感觉自己参与了这个成长过程。对于@文科生没出路这个账号而言，也是一样的。他会分享自己最近听过的冷门播客，也会分享自己将账号打造到拥有十几万名粉丝的经验，会敞开心扉聊自己面临着流量下降的问题，与粉丝探讨是否应该停止更新，等等。粉丝见证了他的成长，也陪同他一起解决了很多问题，这使得账号的粉丝黏性很大。

4. 引导用户互动

小红书平台高度重视互动，在我接触的所有客户中，他是最善于利用小红书的互动功能的人。他的每篇笔记下面几乎都会引导用户参与 PK 或投票，每次互动几乎都能吸引数百人，甚至数千人参与。他会在评论区引导用户提出问题，这些问题通常会引起很多人的疑惑，而热心的粉丝会积极回复这些问题。此外，他还会亲自回复粉丝的提问，进一步提高账号权重。通过这种持续的互动，账号整体的流量和推荐次数也得到了提升，粉丝的增长速度越来越快。在我目前接触的所有客户中，他是粉丝增长最快的客户之一。

23　小红书电商，2023—2024年最大的风口

小红书电商为什么成立

小红书不是传统的电商平台，但是依然吸引了很多人在商城消费。那么为什么小红书电商能成立呢？我们来分析一下原因。

1. 现实逼迫小红书开展电商业务

企业需要盈利，资本需要退出。小红书的上一轮融资发生在2021年，获投5亿美元，但任何企业都无法只靠融资活着，对小红书来说，最短的盈利路径即发展电商。在今天的投资生态里面，投资方退出的方式要么是企业IPO上市，要么是企业被并购。无论哪种方式，都要求企业有业绩增长。

另外，市场也需要新故事、新增长。时间来到2023年，市场已非常缺乏增长的故事了。小红书电商从董洁、章小蕙开始，释放出来的红利让整个市场及小红书团队都很兴奋。商家们都知道，小红书的红利时代来了。

2. 团队经验

小红书有两位创始人，毛文超和瞿芳。小红书一开始就是为购物而被创立的，最开始叫"小红书出境购物攻略"，后更名为"小红书购物笔记"，曾有一段时间专注于"海淘购物"。小红书

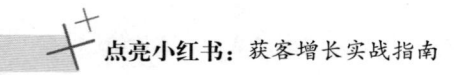

团队是有电商经验和电商基因的。因此，小红书的电商步伐走得很慢但很稳，直到 2023 年，创始人毛文超才亲自把火点燃。

3. 用户需求

小红书作为一个消费主义社区，一直被误认为只是一个种草平台。用户在小红书搜索后，有了消费决策，但最终选择在淘宝下单。这种两个平台间的跳转切换，不仅会影响转化率，且降低用户体验，而且小红书用户对于高品质、新奇特产品的需求，淘宝不一定能满足。此时如果小红书直接在本平台实现搜索、种草、购买的闭环，不仅可以提升体验和转化率，还可以通过平台手段对产品进行监管。

小红书电商的风口在哪里

小红书电商的风格和抖音截然不同。

从人群来看，根据用户画像，小红书用户具有较高的审美能力，且能代表潮流倾向；而抖音用户同时覆盖大中小城市，娱乐属性更强。小红书的单个用户价值明显高于抖音。

从场景来看，小红书更像一个高端商场，而抖音则是小商品市场。我们进入精致感极强的高端商场，可能买不到便宜货，内心更倾向于品质商品。而在小商品市场，我们寻求的是高性价比，乃至低价产品。

根据人群和场景的差异，在客单价上，小红书和抖音也有明显差异。小红书主推的直播一姐董洁，相比抖音一哥@疯狂小杨哥，商品客单价高出许多倍。

因此，如果要抓住 2023—2024 年小红书电商的机会，我认为以下几个风口值得关注。

1. 氛围感直播

从董洁到章小蕙，小红书直播似乎也反映了小红书社区的调性。董洁的直播间不夸张、不渲染，选品带着董洁强烈的个人印记；而章小蕙的直播间不疾不徐，她甚至拿着一盘眼影念诗。这种直播方式，我统称为"氛围感直播"。

现在的直播要有更高的质感，直播间不仅是展示商品的地方，还体现着直播达人的品味，展示着他们的故事、生活。相信未来，这样的氛围感直播还会越来越多地出现在小红书平台。

2. 新奇特产品

在小红书中，"小众"是一个大众词汇。小红书用户独爱小众品类。基本上在笔记中写到"小众"这个词，笔记流量就会上升。飞盘、露营正是在小红书平台由小众变为大众的。因此，新颖独特的东西也许更受小红书用户的喜欢。而且，因为用户习惯在小红书里搜索，因此小红书更适合做品牌资产沉淀，用户不仅可以搜索，还可以进入品牌官方网站。

3. 有格调且"超出片"的产品

小红书是很讲究"格调"的平台，最重要的格调是"出片"，"超出片"是小红书的社区黑话。正如我在第 05 篇文章中讲的一样，小红书是极度视觉化的平台，如果一款产品不配上好看的图片，那么它被小红书平台淘汰便是宿命。

不同品类如何做小红书电商

案例一：高定女装如何做小红书

我有一个客户一开始做高端女装，主要成交平台是淘宝和抖音，但在这两个平台他总会面临以下几个问题。

- 退货率很高，不管是抖音直播带货还是淘宝店铺成交，退货率甚至可以达到 70%。
- 获客成本高，淘宝和抖音的流量已经越来越贵，这几年还出现一个趋势，流量向着财大气粗的头部品牌聚集。
- 获客主要靠产品上新，但爆品有限，限制业绩增长。

于是他找到我们，我与他沟通后，首先要帮他解决退货率高的问题。我们建议他把重点转成做高级定制女装，因为他本身有工厂，做高定女装反而利润更大，且能大大降低退货率，因为定制女装往往是根据客户的尺码和偏好，有针对性布局的。高定女装当然要布局小红书，小红书的客户质量、用户购买力都高于其他平台。

他运营小红书账号时，一共有 3 招。

（1）晒"超出片"的产品

把超出片的产品图片或视频内嵌在各个场景里面，比如家里、公园里、宴会上，极大提升用户的真实体验感。对于高定女装而言，团队的设计能力、出图能力一定要在审美平均线之上。

（2）晒客户案例

大部分客户没有模特的身材，可能穿不出模特的效果，这时要以讲故事为主，多晒真实客户的案例。客户背景如何，为什么来定制衣服，团队花了多少努力，选了多少款式来匹配客户身材，最终客户的上身效果和评价是怎么样的……要讲述一个完整的故事来增加其他用户的信任。

（3）内部夸奖

设计师和公司内部的"自卖自夸"帖当然也要发，并且要置顶此帖。设计师可以发独白，讲述自己服务了多少客户、客户评价如何、自己在服装设计领域的追求是什么，等等。最好封面配上一张自己忙碌工作时的照片。

案例二：珠宝首饰如何做小红书

我的很多客户在小红书上卖首饰。这是一个特别大的类目，但真正做好的却不多，大部分是因为图片不够好看。

- 出镜的模特不行。比如，展示戒指的模特手指不够纤细、肤色不够白皙等。始终要记住，小红书是一个视觉化平台，图片不好看很难火起来。
- 产品不行。很多时候我们可能对产品很有信心，但发布后数据反馈不如意。事实上，小红书用户的调性更匹配"清冷感""高级感""极简主义""小众百搭"类型的首饰，如果产品过于"珠光宝气"，会让小红书用户觉得俗气。
- 背景不行。产品出现的背景很重要，把首饰放到色彩对比度强烈的地方，会更衬产品气质。背景和光线布局也很有讲究。

因此，首饰品类客户找到我们时，我们优先强调图片美观性问题。在产品层面，我会建议先模仿爆款，发布类似产品或者直接卖同款。如果有实力，也可以先设计产品图片并在小红书平台测试产品，哪款数据反馈好，就重点推哪款。

案例三：手工食品如何做小红书

我的客户@柿籽手作馒头铺，在小红书平台卖手工馒头。她是一个心灵手巧的姑娘，做的馒头很好看，每次她发帖，下面总有一群人问"怎么买"。她家在河南辉县，但她的客户遍布全国。

她在小红书卖馒头，一共有3招。

（1）晒产品

最主要的一招是晒产品，晒那些外观好看的馒头。她会按照时节来做馒头，春天时做春日艾草馒头，过年时做年货馒头。还有各式各样配料的馒头，比如黑芝麻馅馒头、鲜花玫瑰馒头等。这些馒头让人看了食欲倍增，自然会引发询问。

（2）晒制作过程

公开馒头的制作过程也必不可少。怎么炒制酸奶包馅料，怎么用米酒酵水做酒酿老面馒头，怎么做艾草馒头……这些过程通过视频展现，既能让大家跟着学，又能让客户放心吃。此外，她也会晒出馒头的打包、发货过程，让客户放心。

（3）晒好评

她会时不时晒出客户好评，把和客户在微信聊天的截图发出来。这样的帖子虽然不会获得太多的流量，但是会让客户放心，增加首购客户的信任感。